ANKOMMEN!

So lernen Menschen aus aller Welt richtig Deutsch!

TOM 1: Gramatyka 1 (A1/A2)

Niemiecki - Polski

Gramatyka autorstwa Elke Günzel
z polskim tłumaczeniem Agnieszki Kozłowskiej

ANKOMMEN!
Band 1: Grammatik A1/A2
Deutsch als Fremdsprache
von Elke Günzel mit Übersetzungen
von Agnieszka Kozłowska

ANKOMMEN!
Część 1: Gramatyka A1/A2
Język niemiecki jako język obcy
Autorka: Elke Günzel
Tłumaczenie: Agnieszka Kozłowska

Begleitband zum Lehrbuch A1/A2
Band 1 von 3 Bänden.
Als Begleitmaterial ist außerdem erhältlich: Übungsbuch und Wortschatz ein- und zweisprachig, sowie ein Lehrbegleitbuch.

Dodatek do podręcznika A1/A2, pierwszy z 3 tomów.
Oprócz tego, dostępne są również słownictwo (jedno- lub dwujęzyczne wydanie), zeszyt ćwiczeń oraz dodatek dla nauczycieli.

ISBN 9 - 789 403 - 623 719

ISBN 9 - 789 403 - 623 719

Vollständige Überarbeitung des Lehrwerks „Ankommen in Deutschland", Elke Günzel
Copyright 1997 Verlag für Deutsch,
Copyright 2001 im Hueber Verlag.

Nowe wydanie podręcznika „Ankommen in Deutschland" autorstwa Elke Günzel
- Copyright 1997 Verlag für Deutsch,
- Copyright 2001 Hueber Verlag.

Der Teilband „Grammatik" war in der alten Ausgabe in die Kapitel des Arbeitsbuchs integriert. Nun erscheint die Grammatik völlig neu und farbig gestaltet als Einzelband zum Lernen und Nachschlagen des Regelwerks der deutschen Grammatik. Die zweisprachige Edition polnisch-deutsch ist ebenfalls eine Neuerscheinung.

W poprzednim wydaniu „Gramatyka" była częścią zeszytu ćwiczeń. Tym razem pojawia się ona nowych kolorach i wydaniu, jako dodatek do samodzielnej nauki, a także zbiór reguł gramatyki języka niemieckiego. Nowością jest także dwujęzyczna edycja polsko-niemiecka.

Umschlaggestaltung: Arthur Otte

Projekt okładki: Arthur Otte

Inhaltsverzeichnis Spis treści

Wskazówki dotyczące korzystania z gramatyki

Każdy temat znajdujący się w tej gramatyce opracowany jest w możliwie wyczerpujący sposób.

Oznacza to, że niektóre rozdziały można omówić później lub wrócić do nich w razie potrzeby.

Listy słownictwa świetnie nadają się do stopniowego uczenia się i powtórek.

Kolory

Kolorowe oznaczenia stosowane są w całej serii w celu zapewnienia przejrzystości:

☐	żółty	Rzeczowniki i wszystkie części mowy, które ulegają deklinacji, a także zaimki i przyimki znajdujące się przed odmienionym rodzajnikiem.
☐	czerwony	Czasowniki
☐	zielony	Składnia oraz zmiany w składni występujące w przypadku negacji lub po zastosowaniu spójników w zdaniach głównych i pobocznych (spójniki omawiane są dopiero w drugim tomie).

Rodzaje rzeczownika oznaczone są następującymi kolorami:

der rodzaj męski	die rodzaj żeński	das rodzaj nijaki

Kolorowe oznaczenia stosowane są również dla przypadków rzeczownika:

Nominativ Mianownik	Akkusativ Biernik	Genitiv Dopełniacz	Dativ Celownik

Das Verb (Czasownik)

Czym jest czasownik?

Czasowniki (część mowy) pojawiają się w zdaniach w formie tak zwanego orzeczenia (część zdania) i stanowią centralny element wypowiedzi. Przedstawiają one czynności, procesy i zachodzące stany. Tak jak w języku polskim, czasowniki w języku niemieckim odmieniają się. Czasownik zachowuje stały temat, a jego końcówka ulega zmianie.

fragen (pytać)

ich	frage
(ja	pytam)
du	fragst
(ty	pytasz)
er / sie / es	fragt
(on / ona / ono)	pyta
wir	fragen
(my	pytamy)
ihr	fragt
(wy	pytacie)
sie / Sie	fragen
(oni / Pan / Pani / Państwo)	pytają

Das regelmäßige Verb (Czasowniki regularne)

W ten sam sposób odmieniają się znane Ci już czasowniki:

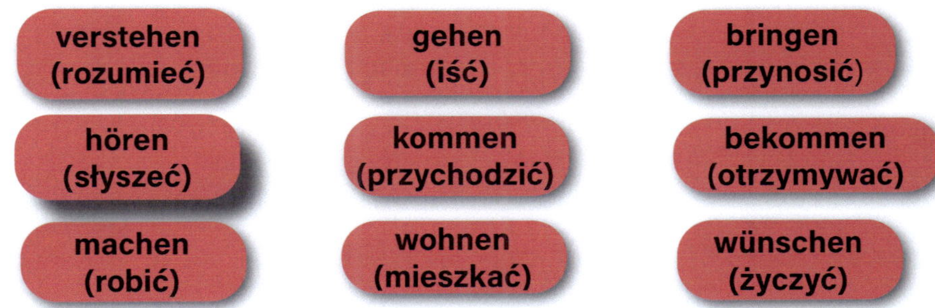

Czasowniki, których temat kończy się na ß, s, tz nie otrzymują w 2. osobie liczby pojedynczej „du" litery „s":

heißen — du heißt — ~~du heißst~~
sitzen — du sitzt — ~~du sitzst~~

Czasowniki z tematem kończącym się na t lub d otrzymują dodatkową literę „e":

antworten — du antwortest — ~~du antwortst~~
er antwortet — ~~er antwortt~~

tak samo jak znane Ci już czasowniki: möchten, kosten, finden.

Das unregelmäßige Verb (Czasowniki nieregularne)

Wyróżniają się one zmianą samogłoski lub całkowitą zmianą tematu.
Na przykład z e → i lub z e → ie. Tak jak w przypadku czasowników haben (mieć) i sein (być).

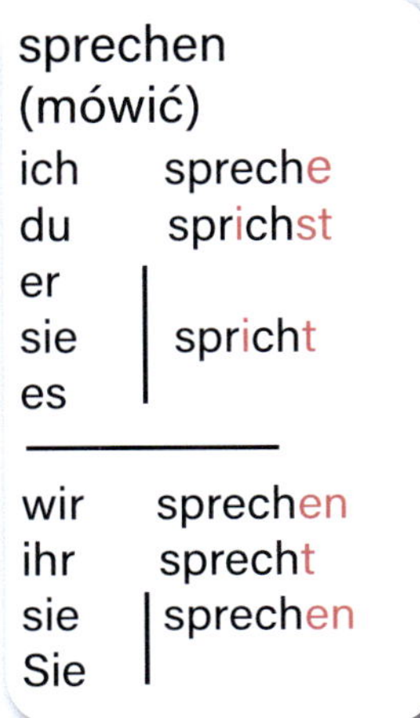

sprechen (mówić)

ich	spreche
du	sprichst
er / sie / es	spricht
wir	sprechen
ihr	sprecht
sie / Sie	sprechen

lesen (czytać)

ich	lese
du	liest
er / sie / es	liest
wir	lesen
ihr	lest
sie / Sie	lesen

haben (mieć)

ich	habe
du	hast
ee / sie / es	hat
wir	haben
ihr	habt
sie / Sie	haben

sein (być)

ich	bin
du	bist
er / sie / es	ist
wir	sind
ihr	seid
sie / Sie	sind

Das Nomen (Rzeczownik)

Czym jest rzeczownik?

Rzeczowniki (część mowy) to stworzenia, rzeczy i pojęcia.
W języku niemieckim zawsze piszemy je wielką literą.

Rzeczowniki występują w trzech różnych rodzajach:

männlich (męski) | weiblich (żeński) | sächlich (nijaki)

W języku niemieckim rzeczowniki poprzedzone są rodzajnikiem.

Rodzajniki określone to:

der | die | das

Rodzajniki nieokreślone to:

ein | eine | ein

Rzeczowniki mogą odnosić się do jednego lub wielu stworzeń, przedmiotów i pojęć.

Jeżeli mamy na myśli jedną rzecz, używamy rzeczownika w liczbie pojedynczej – **Singular.**
Jeżeli chcemy nazwać kilka rzeczy, posługujemy się rzeczownikiem w liczbie mnogiej - **Plural.**
W liczbie mnogiej rzeczownik przyjmuje odpowiednią końcówkę.
Rodzajnik określony dla liczby mnogiej to: die.
W liczbie mnogiej nie używamy rodzajnika nieokreślonego.

Rzeczowniki z rodzajnikiem określonym		**Rzeczowniki z rodzajnikiem nieokreślonym**	
Singular (l.poj.)	**Plural (l. mn.)**	**Singular (l.poj.)**	**Plural (l. mn.)**
der Mann (mężczyzna)	die Männer	ein Mann	Männer
die Frau (kobieta)	die Frauen	eine Frau	Frauen
das Kind (dziecko)	die Kinder	ein Kind	Kinder

Wskazówki do nauki rzeczowników:

- Zapamiętuj rzeczowniki wraz z rodzajnikiem określonym.
  Aby używać rzeczowników w prawidłowy sposób musisz wiedzieć, czy są one w rodzaju męskim, żeńskim, czy nijakim.

- W słownikach wykorzystuje się następujące skróty:
  - m. (łac.: maskulinum) dla rodzaju męskiego,
  - f. (łac.: femininum) dla rodzaju żeńskiego,
  - n. (łac.: neutrum) dla rodzaju nijakiego.

Rzeczownik - 1 -

a.) Kiedy rzeczownik jest w rodzaju męskim? lub: Kiedy używamy „der"?

Zasada 1: **Tworzenie rzeczownika od czasownika.**
Utworzone poprzez odjęcie końcówki „- en" rzeczowniki są zazwyczaj w rodzaju męskim (maskulin).

Przykłady:

kaufen - der Kauf	(kupować – kupno)
einkaufen - der Einkauf	(robić zakupy – zakupy)
anrufen - der Anruf	(dzwonić – telefon, połączenie telefoniczne)
besuchen - der Besuch	(odwiedzać – odwiedziny)
gehen - der Gang	(chodzić – chód)
klingen - der Klang	(dzwonić – dźwięk)
wünschen - der Wunsch	(życzyć – życzenie)
verstehen - der Verstand	(rozumieć – rozum)
blicken - der Augenblick	(spoglądać – chwila)
planen - der Plan	(planować – plan)

Zasada 2: **Rzeczowniki z końcówkami „-ig" und „-ling"**
Przykłady:

der Essig	(ocet)
der Frühling	(wiosna)

Zasada 3: **Konkretne grupy wyrazów:**
- napoje alkoholowe
- jednostki czasu
- zwroty dotyczące pogody oraz strony świata

Przykłady:

napoje alkoholowe: der Wein (wino), der Sekt (wino musujące), der Wodka (wódka)

jednostki czasu: der Montag (poniedziałek), der Dienstag (wtorek),
wyjątek: die Woche

der Tag (dzień), der Morgen (poranek), der Mittag (południe),
der Abend (wieczór), wyjątek: die Nacht

der Monat (miesiąc), der Januar (styczeń), der Februar (luty),
der Frühling (wiosna), der Sommer (lato), der Herbst (jesień),
der Winter (zima)

zwroty dotyczące
pogody i strony świata: der Regen (deszcz), der Wind (wiatr), der Schnee (śnieg),
wyjątek: die Sonne (słońce), der Mond (księżyc)
der Norden (północ), der Süden (południe), der Osten (wschód),
der Westen (zachód)

Rzeczownik - 2 -

b.)

Kiedy rzeczownik jest w rodzaju żeńskim?
lub: Kiedy używamy „die"?

Zasada 1: **Rzeczowniki z końcówką „- e"
składające się zazwyczaj z dwóch sylab.**

Przykłady:

die Liebe (miłość), die Straße (ulica), die Lampe (lampa), die Rose (róża), die Dame (dama), die Liste (lista), die Kiste (pudło), die Dose (puszka), die Tube (tubka), die Flasche (butelka), die Karotte (marchewka), die Erbse (groch), die Bohne (fasola), die Tomate (pomidor), die Gurke (ogórek), die Birne (gruszka), die Banane (banan), die Zitrone (cytryna), die Aprikose (morela), die Melone (melon), die Soße (sos), die Tasche (torba), die Schokolade (czekolada), die Suppe (zupa), die Speise (potrawa).
Wyjątki: der Käse (ser), der Name (imię, nazwisko).

Zasada 2: **Rzeczowiki z końcówkami „-ung" i „-ei" oraz „-heit" i „-keit"**

Przykłady:

die Wohnung (mieszkanie),
die Packung (opakowanie),
die Einweihung (parapetówka),
die Prüfung (egzamin),
die Zeitung (gazeta),

die Bäckerei (piekarnia),
die Konditorei (cukiernia),
die Metzgerei (sklep rzeźniczy),
die Wäscherei (pralnia),

die Gelegenheit (okazja),
die Möglichkeit (możliwość).

Zasada 3: **Liczby**

Przykłady:

die Eins (jedynka),
die Zwei (dwójka),
die Million (milion),
die Zahl (liczba).

Rzeczownik - 3 -

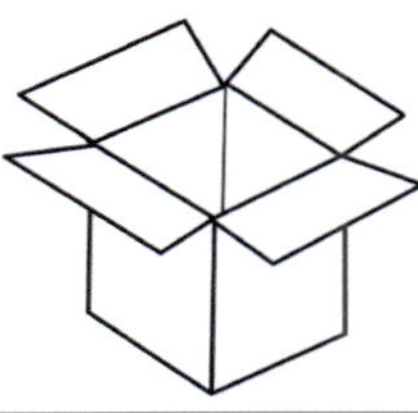

c.) Kiedy rzeczownik jest w rodzaju nijakim? lub: Kiedy używamy „das"?

Zasada 1: **Tworzenie rzeczownika od czasownika.**
Z zachowaniem końcówki -en.

Przykłady:

essen - das Essen	(jeść – jedzenie),
geben - das Geben	(dawać – dawanie),
trinken - das Trinken	(pić – picie),
nehmen - das Nehmen	(brać – branie).

Zasada 2: **Rzeczowniki z prefiksem „Ge-"**

Przykłady:

	das Gemüse	(warzywa),
	das Getränk	(napój),
	das Gebirge	(góry),
wyjątek:	die Geduld	(cierpliwość).

Zasada 3: **Rzeczowniki z końcówkami „- chen" i „-lein"**

Przykłady:

-chen
das Mädchen (dziewczynka),
das Paket - das Päckchen (paczka – paczuszka),
das Haus - das Häuschen (dom – domek),
die Flasche - das Fläschchen (butelka – buteleczka),
der Zettel - das Zettelchen (kartka – karteczka),

-lein
das Buch - das Büchlein (książka – książeczka).

Zasada 4: **Rzeczowniki z końcówką „- nis"**

Przykłady:

das Zeugnis (świadectwo),
das Ergebnis (wynik),
das Verhältnis (stosunek).

Rzeczownik - 4 -

Komposita – rzeczowniki złożone

W języku niemieckim możemy utworzyć nowe wyrazy z dwóch, a nawet trzech rzeczowników. Rodzaj ostatniego rzeczownika określa rodzaj całego słowa: „der", „die" lub „das":

Przykłady:

der Bahnhofsschalter
= 3 rzeczowniki

die Bahn (kolej) + der Hof (dwór) + der Schalter (okienko)
= der Bahnhofsschalter (okienko na dworcu)

Inne przykłady:

die Post (poczta) + der Schalter (okienko) = der Postschalter (okienko pocztowe)

das Telefon (telefon) + das Buch (książka) = das Telefonbuch (książka telefoniczna)
die Wörter (słowa) + das Buch (książka) = das Wörterbuch (słownik)

der Wein (wino) + die Flasche (butelka) = die Weinflasche (butelka wina)
das Bier (piwo) + die Flasche (butelka) = die Bierflasche (butelka piwa)

Das schwache Verb (Czasowniki słabe)

W celu przypomnienia, ponownie przeczytaj rozdział 1: „Czasownik". W języku niemieckim czasowniki dzielą się na czasowniki słabe (regularne) i mocne (nieregularne). Czasowniki słabe odmieniają się w ten sam sposób co czasownik „fragen" (pytać).

Czasowniki słabe z rozdziału 1 i 2:

stehen	(stać),	kaufen	(kupować),
stellen	(stawiać),	zahlen	(płacić),
liegen	(leżeć),	bezahlen	(opłacić),
legen	(kłaść),	kochen	(gotować),
füllen	(napełniać),	trinken	(pić),
schauen	(patrzeć),	spielen	(grać),
suchen	(szukać),	buchstabieren	(literować),
brauchen	(potrzebować),	ergänzen	(uzupełniać),
zählen	(liczyć),	schreiben	(pisać),
kleben	(kleić),	schicken	(wysyłać),
drücken	(nacisnąć),	telefonieren	(telefonować),
bestätigen	(potwierdzać),	entschuldigen	(przepraszać),
wiederholen	(powtarzać),	lieben	(kochać).
versuchen	(próbować),		

finden

ich	finde
du	findest
er / sie / es	findet
wir	finden
ihr	findet
sie / Sie	finden

Czasowniki z tematem kończącym się na -t lub -d

W części 1, rozdziału 1 gramatyki: „Czasownik" jako przykład wykorzystany jest czasownik „antworten" (odpowiadać). Pozostałe czasowniki słabe z tematem kończącym się na t i d odmieniają się tak samo.

finden (znajdować)

heiraten (poślubiać)

warten (czekać)

Czasowniki

kosten (kosztować)

lauten (brzmieć)

... istnieją jedynie w następujących formach:

er kostet - sie kostet - es kostet - sie kosten
er lautet - sie lautet - es lautet - sie lauten

Czasowniki z tematem kończącym się na ß, ss lub z, sch

W rozdziale 1 gramatyki: „Czasownik" jako przykład wykorzystany jest czasownik „heißen". Pozostałe czasowniki słabe z tematem kończącym się na ß, ss i sch odmieniają się tak samo.

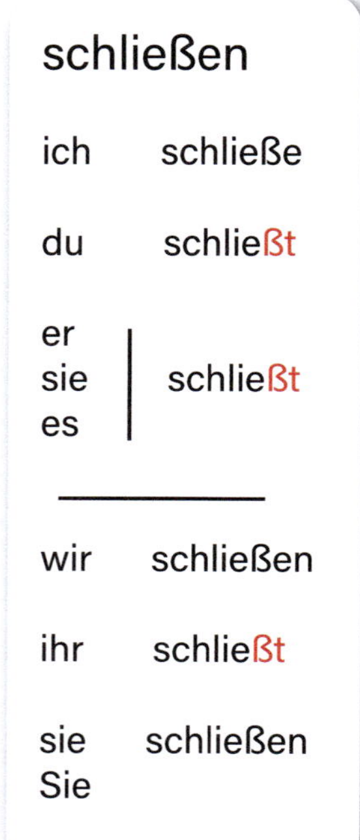

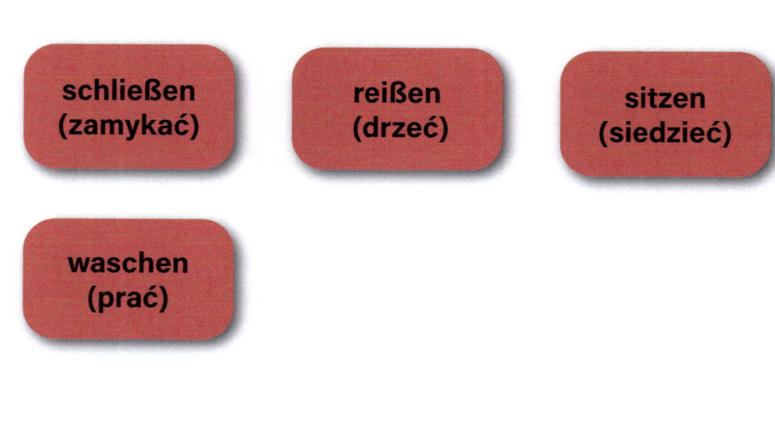

Czasowniki z końcówkami -nen i -eln

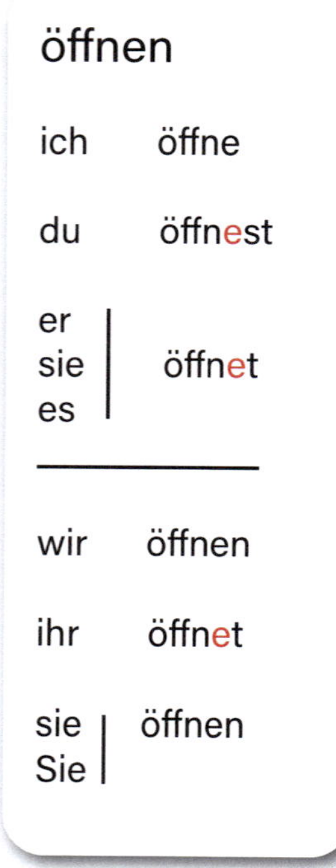

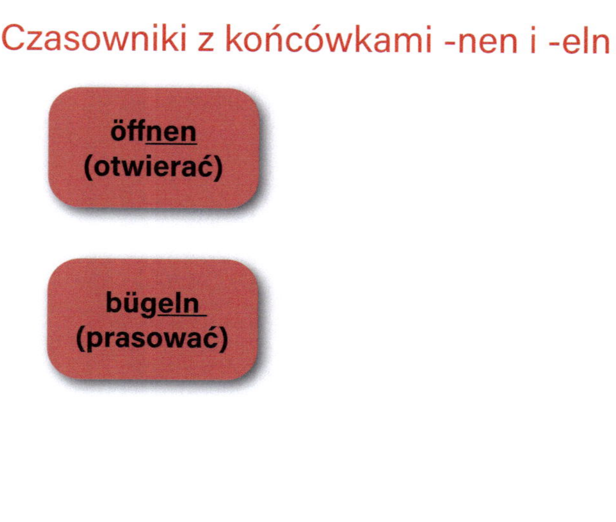

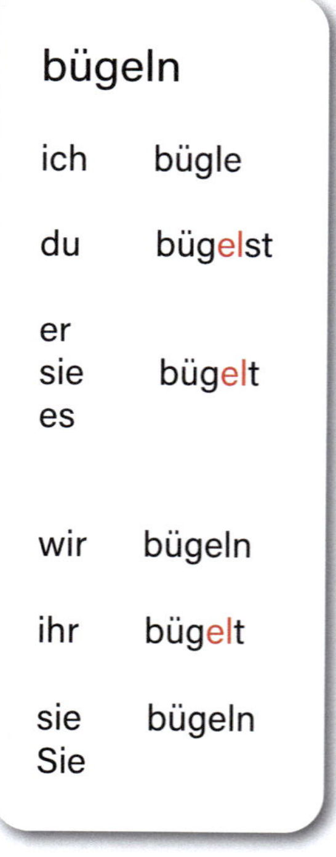

Das starke Verb (Czasowniki mocne)

Czasowniki mocne charakteryzują się zmianą samogłoski w liczbie pojedynczej w przypadku „du", „er", „sie", „es".

e ➪ ie

sprechen (mówić)

ich	spreche
du	sprichst
er / sie / es	spricht
wir	sprechen
ihr	sprecht
sie / Sie	sprechen

essen (jeść)

ich	esse
du	isst
er / sie / es	isst
wir	essen
ihr	esst
sie / Sie	essen

lesen (czytać)

ich	lese
du	liest
er / sie / es	liest
wir	lesen
ihr	lest
sie / Sie	lesen

sehen (widzieć)

ich	sehe
du	siehst
er / sie / es	sieht
wir	sehen
ihr	seht
sie / Sie	sehen

e ➪ i
+ podwójna spółgłoska

a ➪ ä

nehmen (brać)

ich	nehme
du	nimmst
er / sie / es	nimmt
wir	nehmen
ihr	nehmt
sie / Sie	nehmen

backen (piec)

ich	backe
du	bäckst
er / sie / es	bäckt
wir	backen
ihr	backt
sie / Sie	backen

braten (smażyć)

ich	brate
du	brätst
er / sie / es	brät
wir	braten
ihr	bratet
sie / Sie	braten

laden (ładować)

ich	lade
du	lädst
er / sie / es	lädt
wir	laden
ihr	ladet
sie / Sie	laden

Das trennbare Verb (Czasowniki rozdzielnie złożone)

einkaufen
(kupować)

ich	kaufe .... ein
du	kaufst ... ein
er sie es	kauft .... ein
wir	kaufen .... ein
ihr	kauft ... ein
sie Sie	kaufen ... ein

W języku niemieckim istnieją także czasowniki składające się z dwóch części (czasownik i przedrostek). Czasownik odmienia się, a przedrostek pisany jest na końcu zdania.

Przykłady:

Ich kaufe gerne im Supermarkt ein.
(Chętnię kupuję w supermarkecie.)

Bezokolicznik czasownika: einkaufen
Czasownik po odmianie: ich kaufe ... ein

Frau Moreno lädt Familie Hoffmann am Abend zum Geburtstagfest ein.
(Pani Moreno zaprasza rodzinę Hoffmann wieczorem na przyjęcie urodzinowe).

Bezokolicznik czasownika: einladen (zapraszać)
Czasownik po odmianie: sie lädt ... ein

W ten sam sposób odmieniamy pozostałe czasowniki rozdzielnie złożone. Niektóre z nich są czasownikami mocnymi, a niektóre słabymi.

Czasowniki rozdzielnie złożone z rozdziałów 1 i 2:

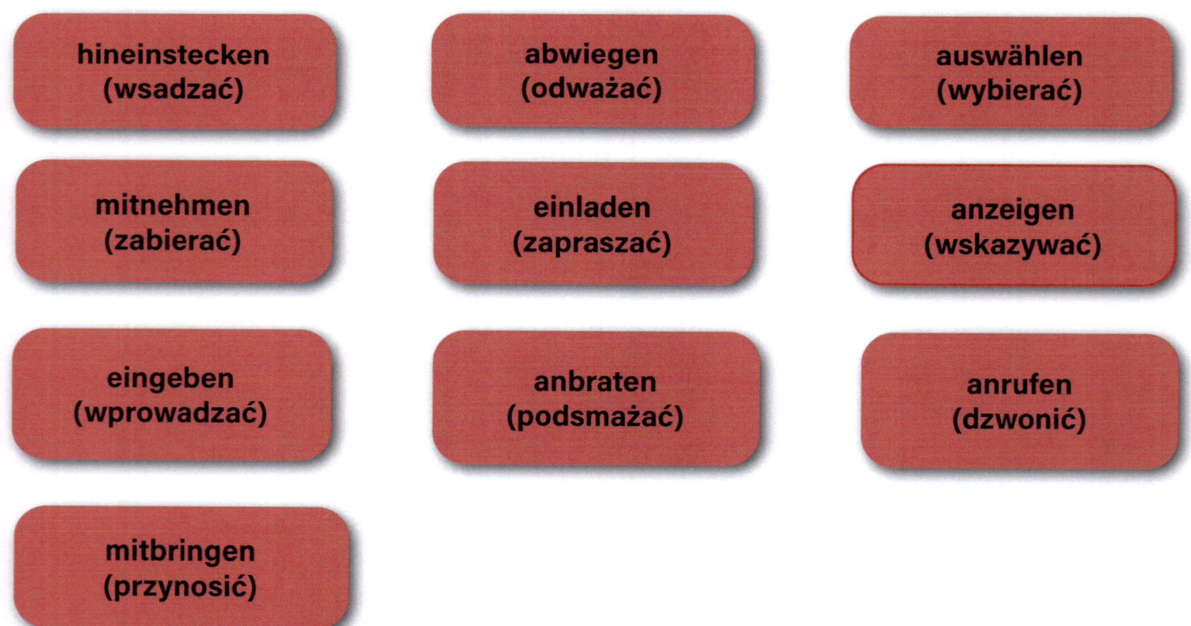

Satzbau (Składnia)

* W języku polskim, inaczej niż w języku niemieckim, zaimki osobowe w funkcji podmiotu są opuszczane.

** Prawidłowe tłumaczenie tego zdania brzmi następująco: „Teraz jedzenie stoi na stole." lub „Jedzenie stoi teraz na stole.", ponieważ w języku polskim, w przeciwieństwie do języka niemieckiego, czasownik nie posiada stałej pozycji w zdaniu.

Czasownik zawsze znajduje się na 2. pozycji w zdaniu

Pytanie: Was mache ich heute? (Co robię dzisiaj?)
Was macht das Essen? (Co robi jedzenie?)

Podmiot zdania jest wykonawcą czynności i nazywa osobę, rzecz lub zjawisko. Podmiot znajduje się na 1. lub 3. pozycji w zdaniu.

Pytanie: Wer geht heute in den Supermarkt?
(Kto idzie dzisiaj do supermarketu?)

Was steht jetzt auf dem Tisch?
(Co stoi teraz na stole?)

Die Verneinung (Przeczenie)

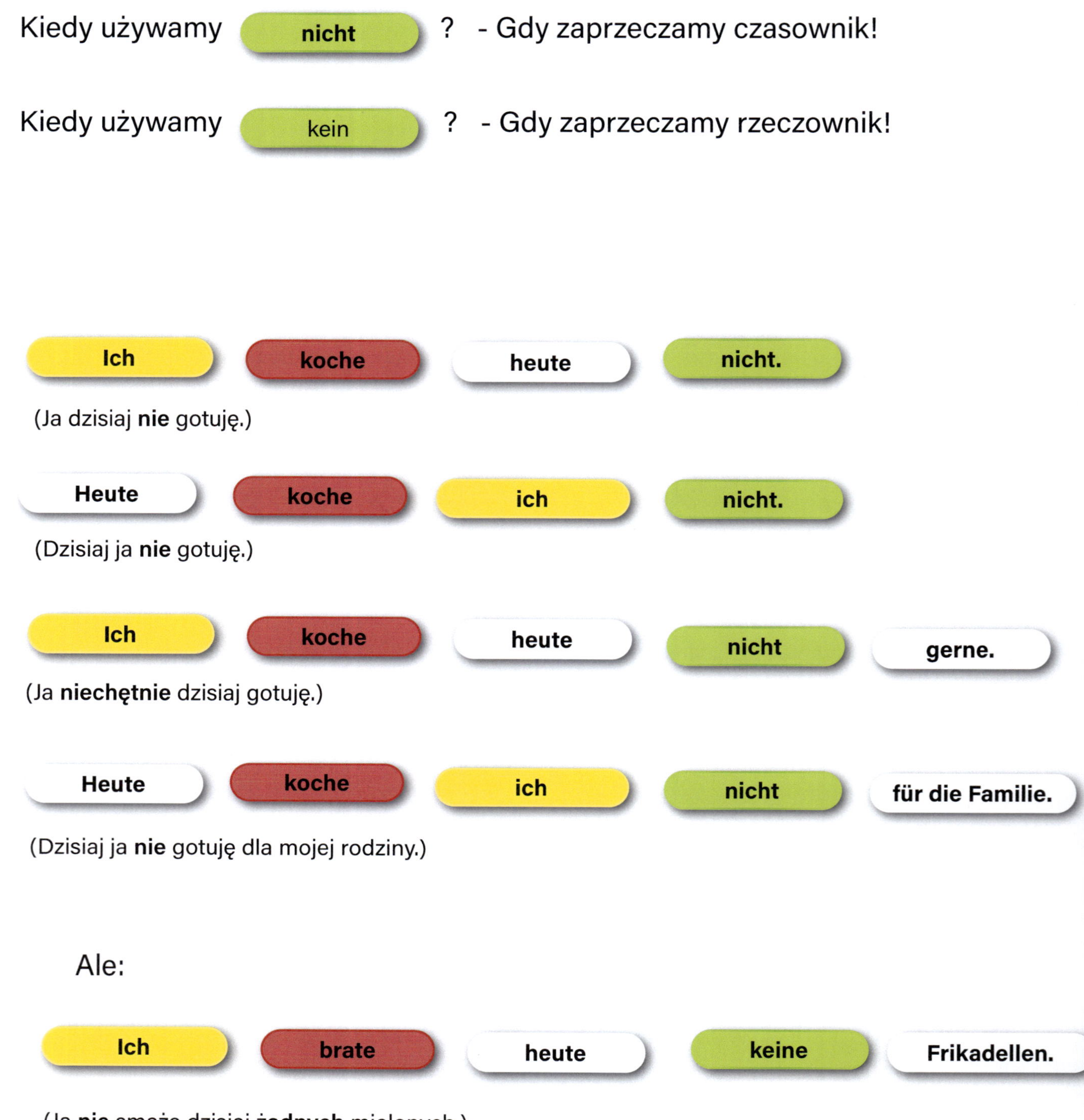

Kiedy używamy **nicht** ? - Gdy zaprzeczamy czasownik!

Kiedy używamy kein ? - Gdy zaprzeczamy rzeczownik!

Ich **koche** **heute** **nicht.**

(Ja dzisiaj **nie** gotuję.)

Heute **koche** **ich** **nicht.**

(Dzisiaj ja **nie** gotuję.)

Ich **koche** **heute** **nicht** **gerne.**

(Ja **niechętnie** dzisiaj gotuję.)

Heute **koche** **ich** **nicht** **für die Familie.**

(Dzisiaj ja **nie** gotuję dla mojej rodziny.)

Ale:

Ich **brate** **heute** **keine** **Frikadellen.**

(Ja **nie** smażę dzisiaj **żadnych** mielonych.)

Der Nominativ und der Akkusativ (Mianownik i biernik)

Podmiot zdania zawsze jest w mianowniku i znajduje się przed lub za czasownikiem. W przypadku czasowników „sein“ i „heißen“ dopełnienie również wyrażone jest w mianowniku.

Przykłady:

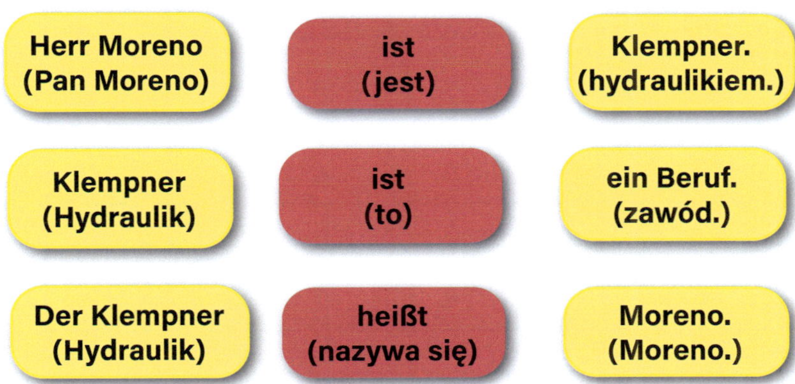

Dopełnienie biernikowe określa cel lub działanie podmiotu zdania. Odpowiada ono na pytania:: „Wen?“ („Kogo?“) lub „Was?“ („Co?“).

Przykłady:

Was hat Herr Moreno?- Er hat einen Beruf. (Co ma Pan Moreno?- On ma zawód.)

Was kauft Laura?- Sie kauft ein Eis. (Co kupuje Laura?- Ona kupuje loda.)

Wen liebt das Kind? Es liebt die Mutter (Kogo kocha dziecko? Ono kocha matkę.)

Der Nominativ und der Akkusativ (Mianownik i biernik)

rodzaj męski

l.poj.			
mianownik	der Mann	ein Mann	kein Mann
biernik	den Mann	einen Mann	keinen Mann
l.mn.			
mianownik	die Männer	Männer	keine Männer
biernik	die Männer	Männer	keine Männer

rodzaj żeński

l.poj			
mianownik	die Frau	eine Frau	keine Frau
biernik	der Frau	einer Frau	keiner Frau
l.mn.			
mianownik	die Frauen	Frauen	keine Frauen
biernik	die Frauen	Frauen	keine Frauen

rodzaj nijaki

l.poj.			
mianownik	das Kind	ein Kind	kein Kind
biernik	das Kind	ein Kind	kein Kind
l.mn.			
mianownik	die Kinder	Kinder	keine Kinder
biernik	die Kinder	Kinder	keine Kinder

Porównanie: Formy mianownika i biernika wyglądają praktycznie tak samo. Jedyna różni- ca widoczna jest w bierniku, w liczbie pojedynczej, w rodzaju męskim, który wygląda w następujący sposób: den/einen/keinen.

Uwaga! n-Deklination:

Biernik od słowa Herr to Herrn, a od słowa Name to Namen.

Przykłady: Ich frage Herrn Jonosa. (Pytam Pana Jonosę.)

Ich buchstabiere den Namen. (Przeliterowuję imię).

Das schwache Verb (Wiederholung) (Czasowniki słabe (powtórzenie))

W ramach przypomnienia ponowie przeczytaj podrozdziały „Czasownik" z 1 i 2 rozdziału gramatyki. W języku niemieckim czasowniki dzielą się na czasowniki słabe (regularne) i mocne (nieregularne). Wśród czasowników słabych znajdziemy czasowniki z końcówkami t, d, oraz s, ß, tz, z, sch, a także z końcówkami -nen, -eln i -ern.

Czasowniki kończące się na -nen, -eln i -ern

klettern
(wspinać się)

ich	klettere
du	kletterst
er sie es	klettert
wir	klettern
ihr	klettert
sie Sie	klettern

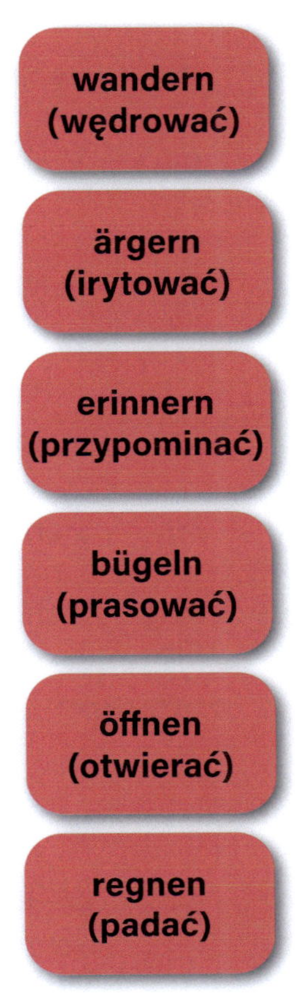

wechseln
(zmieniać)

ich	wechsle
du	wechselst
er sie es	wechselt
wir	wechseln
ihr	wechselt
sie Sie	wechseln

Das starke Verb (Wiederholung) (Czasowniki mocne (powtórzenie))

Czasowniki mocne wyróżniają się poprzez zmianę samogłoski w liczbie pojedynczej (Singular) w osobach „du“, „er“, „sie“ i „es“.

e ⇨ i

helfen (pomagać)	
ich	helfe
du	hilfst
er / sie / es	hilft
wir	helfen
ihr	helft
sie / Sie	helfen

stehlen (kraść)	
ich	stehle
du	stiehlst
er / sie / es	stiehlt
wir	stehlen
ihr	stehlt
sie / Sie	stehlen

Wszystkie mocne czasowniki ze zmianą samogłosek e⇨i i e⇨ie

sprechen	(mówić)	spricht
geben	(dawać)	gibt
sehen	(widzieć)	sieht
lesen	(czytać)	liest
nehmen	(brać)	nimmt
essen	(jeść)	isst
treffen	(spotykać)	trifft
helfen	(pomagać)	hilft
brechen	(łamać)	bricht
ausmessen	(wymierzać)	misst aus
erschrecken	(przestraszyć)	erschrickt
stechen	(kłuć)	sticht
gelten	(obowiązywać)	es gilt
stehlen	(kraść)	stiehlt
schmelzen	(topnieć)	schmilzt
sterben	(umierać)	stirbt
anschwellen	(puchnąć)	schwillt an
empfehlen	(polecać)	empfiehlt
werben	(reklamować)	wirbt
verderben	(psuć)	verdirbt
vergessen	(zapominać)	vergisst
vorlesen	(czytać na głos)	liest vor
werfen	(rzucać)	wirft

a ⇨ ä

schlafen (spać)	
ich	schlafe
du	schläfst
er sie es	schläft
wir	schlafen
ihr	schlaft
sie Sie	schlafen

waschen (prać)	
ich	wasche
du	wäschst
er sie es	wäscht
wir	waschen
ihr	wascht
sie Sie	waschen

Wszystkie mocne czasowniki a⇨ä

waschen	(prać)	wäscht
halten	(trzymać)	hält
ausgraben	(wykopywać)	gräbt aus
fallen	(spadać)	fällt
fahren	(jechać)	fährt
anhalten	(zatrzymywać się)	hält an
raten	(radzić)	rät
schlagen	(bić)	schlägt
schlafen	(spać)	schläft
tragen	(nosić)	trägt
laufen	(biegać)	läuft
zuschlagen	(zatrzaskiwać)	schlägt zu
graben	(kopać)	gräbt
lassen	(zostawiać)	lässt

Nomen: der Plural (Rzeczownik: liczba mnoga)

Singular (Liczba pojedyncza) der, die, das	Plural (Liczba mnoga) die

Liczbę mnogą nie zawsze można utworzyć zgodnie z zasadami. Istnieje jednak wiele reguł mających zastosowanie dla różnych rzeczowników.
Rozróżniamy 5 grup liczby mnogiej.

Grupa 1 Liczba mnoga z końcówką -e

Wiele rzeczowników rodzaju męskiego w liczbie mnogiej kończy się na -e. Niektóre z tych rzeczowników otrzymują w liczbie mnogiej tzw. umlaut.

Niektóre z rzeczowników rodzaju żeńskiego i nijakiego w liczbie mnogiej również kończą się na -e. Zazwyczaj są to rzeczowniki jednosylabowe.

Wszystkie rzeczowniki grupy 1 z rozdziałów 1 - 3

<u>Maskulin (Rodzaj męski)</u>

der Freund	(przyjaciel)	die Freunde
der Tag	(dzień)	die Tage
der Kurs	(kurs)	die Kurse
der Tisch	(stół)	die Tische
der Preis	(cena)	die Preise
der Brief	(list)	die Briefe
der Schein	(zaświadczenie)	die Scheine
der Zweck	(cel)	die Zwecke
der Sohn	(syn)	die Söhne
der Stuhl	(krzesło)	die Stühle
der Block	(blok)	die Blöcke
der Satz	(zdanie)	die Sätze
der Plan	(plan)	die Pläne

der Sack	(worek)	die Säcke
der Markt	(rynek)	die Märkte
der Ball	(piłka)	die Bälle
der Baum	(drzewo)	die Bäume
der Kopf	(głowa)	die Köpfe
der Korb	(kosz)	die Körbe
der Fluss	(rzeka)	die Flüsse
der Betrag	(kwota)	die Beträge
der Abstand	(odstęp)	die Abstände
der Vertrag	(umowa)	die Verträge
der Antrag	(wniosek)	die Anträge

der Beruf	(zawód)	die Berufe
der Ingenieur	(inżynier)	die Ingenieure
der Bleistift	(ołówek)	die Bleistifte
der Abend	(wieczór)	die Abende
der Salat	(sałata)	die Salate
der Pfirsich	(brzoskwinia)	die Pfirsiche
der Termin	(termin)	die Termine
der Monat	(miesiąc)	die Monate
der Moment	(moment)	die Momente
der Augenblick	(chwila)	die Augenblicke

-ling

der Frühling	(wiosna)	die Frühlinge
der Steckling	(sadzonka)	die Stecklinge

Neutral (Rodzaj nijaki)

das Jahr	(rok)	die Jahre
das Heft	(zeszyt)	die Hefte
das Spiel	(gra)	die Spiele
das Meer	(morze)	die Meere
das Fest	(święto)	die Feste
das Netz	(sieć)	die Netze
das Stück	(kawałek)	die Stücke
das Brot	(chleb)	die Brote
das Tor	(brama)	die Tore
das Beet	(grządka)	die Beete

das Telefon	(telefon)	die Telefone
das Problem	(problem)	die Probleme
das Angebot	(oferta)	die Angebote
das Konzert	(koncert)	die Konzerte
das Formular	(formularz)	die Formulare
das Institut	(instytut)	die Institute
das Getränk	(napój)	die Getränke
das Gewürz	(przyprawa)	die Gewürze
das Geschäft	(sklep)	die Geschäfte

-nis

das Zeugnis	(świadectwo)	die Zeugnisse

Feminin (Rodzaj żeński)

die Maus	(mysz)	die Mäuse
die Stadt	(miasto)	die Städte
die Hand	(dłoń)	die Hände
die Frucht	(owoc)	die Früchte
die Nuss	(orzech)	die Nüsse

Grupa 2 Liczba mnoga z końcówką -en/-n

Prawie wszystkie rzeczowniki rodzaju żeńskiego w liczbie mnogiej otrzymują końcówkę -en lub -n.

Wszystkie rzeczowniki grupy 2 z rozdziałów 1 - 3

Feminin (Rodzaj żeński)

die Schule	(szkoła)	die Schulen
die Familie	(rodzina)	die Familien
die Suppe	(zupa)	die Suppen
die Dame	(dama)	die Damen
die Tasse	(filiżanka)	die Tassen
die Lampe	(lampa)	die Lampen
die Silbe	(sylaba)	die Silben
die Küche	(kuchnia)	die Küchen
die Adresse	(adres)	die Adressen
die Straße	(ulica)	die Straßen
die Briefmarke	(znaczek pocztowy)	die Briefmarken
die Liste	(lista)	die Listen
die Grenze	(granica)	die Grenzen
die Flasche	(butelka)	die Flaschen
die Dose	(puszka)	die Dosen
die Tube	(tubka)	die Tuben
die Speise	(potrawa)	die Speisen
die Tasche	(torba)	die Taschen
die Karotte	(marchewka)	die Karotten
die Erbse	(groch)	die Erbsen
die Bohne	(fasola)	die Bohnen
die Tomate	(pomidor)	die Tomaten
die Gurke	(ogórek)	die Gurken
die Birne	(gruszka)	die Birnen
die Aprikose	(morela)	die Aprikosen
die Melone	(melon)	die Melonen
die Zitrone	(cytryna)	die Zitronen
die Frikadelle	(mielony)	die Frikadellen
die Soße	(sos)	die Soßen
die Taste	(klawisz)	die Tasten
die Waage	(waga)	die Waagen
die Kasse	(kasa)	die Kassen
die Tüte	(torba)	die Tüten
die Rolle	(rolka)	die Rollen
die Theke	(lada)	die Theken

die Ware	(towar)	die Waren
die Miete	(czynsz)	die Mieten
die Rückseite	(tył)	die Rückseiten
die Woche	(tydzień)	die Wochen
die Stunde	(godzina)	die Stunden
die Sache	(rzecz)	die Sachen
die Pflanze	(roślina)	die Pflanzen
die Himbeere	(malina)	die Himbeeren
die Wunde	(rana)	die Wunden
die Münze	(moneta)	die Münzen
die Idee	(pomysł)	die Ideen
-el		
die Kartoffel	(ziemniak)	die Kartoffeln
die Zwiebel	(cebula)	die Zwiebeln
die Regel	(zasada)	die Regeln
-er		
die Nummer	(numer)	die Nummern
-ung		
die Wohnung	(mieszkanie)	die Wohnungen
die Packung	(opakowanie)	die Packungen
die Einweihung	(wtajemniczenie)	die Einweihungen
die Abteilung	(dział)	die Abteilungen
die Werbung	(reklama)	die Werbungen
die Prüfung	(egzamin)	die Prüfungen
die Spezialität	(specjalność)	die Spezialitäten
die Korrektur	(korekta)	die Korrekturen
die Unterschrift	(podpis)	die Unterschriften
die Nachricht	(wiadomość)	die Nachrichten
die Arbeit	(praca)	die Arbeiten
die Frau	(kobieta)	die Frauen
die Zeit	(czas)	die Zeiten
die Bank	(bank)	die Banken
die Zahl	(liczba)	die Zahlen
-in		
die Freundin	(przyjaciółka)	die Freundinnen
die Verkäuferin	(sprzedawczyni)	die Verkäuferinnen
die Kassiererin	(kasjerka)	die Kassiererinnen
die Ingenieurin	(kobieta inżynier)	die Ingenieurinnen
die Lehrerin	(nauczycielka)	die Lehrerinnen

Maskulin (Rodzaj męski)

der Name	(imię)	die Namen
der Herr	(pan)	die Herren
der See	(jezioro)	die Seen
der Staat	(państwo)	die Staaten

Neutral (Rodzaj nijaki)

das Bett	(łóżko)	die Betten
das Ohr	(ucho)	die Ohren

Grupa 3 Brak końcówki w liczbie mnogiej

Rzeczowniki rodzaju męskiego i nijakiego kończące się na -er, -el lub -en często zachowują tę samą formę w liczbie mnogiej.

Wszystkie rzeczowniki grupy 3 z rozdziałów 1 - 3

Maskulin (Rodzaj męski)

der Lehrer	(nauczyciel)	die Lehrer
der Ausländer	(obcokrajowiec)	die Ausländer
der Kugelschreiber	(długopis)	die Kugelschreiber
der Fernseher	(telewizor)	die Fernseher
der Becher	(kubek)	die Becher
der Postschalter	(okienko na poczcie)	die Postschalter
der Computer	(komputer)	die Computer
der Teilnehmer	(uczestnik)	die Teilnehmer
der Empfänger	(odbiorca)	die Empfänger
der Auftraggeber	(zleceniodawca)	die Auftraggeber
der Finger	(palec)	die Finger
der Hamburger	(hamburger)	die Hamburger
der Vater	(ojciec)	die Väter
der Löffel	(łyżka)	die Löffel
der Zettel	(kartka)	die Zettel
der Schlüssel	(klucz)	die Schlüssel
der Kuchen	(ciasto)	die Kuchen
der Braten	(pieczeń)	die Braten

z umlautem:

der Bruder	(brat)	die Brüder
der Apfel	(jabłko)	die Äpfel
der Boden	(podłoga)	die Böden

Neutral (Rodzaj nijaki)

das Zimmer	(pokój)	die Zimmer
das Fenster	(okno)	die Fenster
das Theater	(teatr)	die Theater
das Leiden	(cierpienie)	die Leiden
das Schnitzel	(schabowy)	die Schnitzel

-chen und -lein		
das Mädchen	(dziewczynka)	die Mädchen
das Brötchen	(bułka)	die Brötchen
das Büchlein	(książeczka)	die Büchlein

Feminin mit Umlaut (Rodzaj żeński z umlautem)

die Tochter	(córka)	die Töchter
die Mutter	(matka)	die Mütter

Grupa 4 Liczba mnoga z końcówką -er

Jednosylabowe rzeczowniki rodzaju nijakiego w liczbie mnogiej często otrzymują końcówkę -er. Jeżeli zawierają one samogłoski o, u, a lub au, zawsze otrzymują umlaut.

Wszystkie rzeczowniki grupy 4 z rozdziałów 1 - 3

Neutral (Rodzaj nijaki)

das Kind	(dziecko)	die Kinder
das Bild	(obrazek)	die Bilder
das Ei	(jajko)	die Eier
das Wort	(słowo)	die Wörter
das Haus	(dom)	die Häuser
das Dorf	(wieś)	die Dörfer

Maskulin (Rodzaj męski)

der Mann	(mężczyzna)	die Männer
der Mund	(usta)	die Münder

Grupa 5 Liczba mnoga z końcówką -s

(Nowoczesne) zapożyczenia prawie zawsze otrzymują końcówkę -s w liczbie mnogiej. Rzeczowniki te często pochodzą z angielskiego, francuskiego, a czasami także z arabskiego lub innych języków.

Wszystkie rzeczowniki grupy 4 z rozdziałów 1 - 3

das Hobby	(hobby)	die Hobbys
die Pizza	(pizza)	die Pizzas/die Pizzen
das/der Joghurt	(jogurt)	die Joghurts
das Kino	(kino)	die Kinos
das Restaurant	(restauracja)	die Restaurants
das Steak	(stek)	die Steaks
das Dessert	(deser)	die Desserts
das Filet	(filet)	die Filets
der Toast	(tost)	die Toasts
das Konto	(konto)	die Kontos/die Konten
das Auto	(auto)	die Autos

Verb: Der Imperativ (Czasownik: tryb rozkazujący)

Użycie: Kiedy korzystamy z trybu rozkazującego?

1. Rozkazy

Przykłady:
Matka jest zła, ponieważ dziecko ucieka. Mówi:
„Komm sofort zurück!" („Wracaj natychmiast!")
Pan Maier jedzia za szybko. Policjant mówi:
"Zeigen Sie mir Ihren Führerschein!" („Proszę pokazać mi Pańskie prawo jazdy!")

2. Prośby

Przykłady:
Urzędnik zwraca się do Państwa:
„Unterschreiben Sie bitte hier!"(„Proszę podpisać tutaj!")
Matka mówi do dziecka:
„Kauf bitte nach der Schule einen Liter Milch!"(„Proszę, kup litr mleka po szkole!")

(Tryb rozkazujący często nie jest wystarczająco miłym lub uprzejmym rozwiązaniem. Uprzejme prośby należy formułować przy użyciu czasowników modalnych. Temat ten pojawi się w rozdziale 4.)

Ponownie przeczytaj tekst „Sonntags im Garten" i wyszukaj w nim formy trybu rozkazującego.

Formy: W jaki sposób tworzymy tryb rozkazujący?

Czasowniki słabe się

kochen (gotować)

du kochst	⇨	Koch! (Gotuj!)
ihr kocht	⇨	Kocht! (Gotujcie!)
Sie kochen	⇨	Kochen Sie! (Proszę gotować!*)

Czasowniki słabe z tematem kończącym na -t, -d, -nen, -eln, -ern i -igen.

warten (czekać)

du wartest	⇨	Warte! (Czekaj!)
ihr wartet	⇨	Wartet! (Czekajcie!)
Sie warten	⇨	Warten Sie! (Proszę czekać!*)

Inne przykłady:

Finde!	(Znajdź!)
Öffne!	(Otwórz!)
Bügle!	(Prasuj!)
Ärgere!	(Denerwuj!)
Entschuldige!	(Przeproś!)

Czasowniki mocne a⇨ä

Tryb rozkazujący nie posiada umlautu i tworzymy go w taki sam sposób jak w przypadku czasowników słabych.

fahren (jechać)

du fährst	⇨	Fahr! (Jedź!)
ihr fahrt	⇨	Fahrt! (Jedźcie!)
Sie fahren	⇨	Fahren Sie! (Proszę jechać!*)

Inne przykłady:

Wasch!	(Myj!)
Halt!	(Trzymaj!)
Grab!	(Kop!)
Fall!	(Upadaj!)
Lauf!	(Biegnij!)
Lass	(Zostaw!)
Rate!	(Zgadnij!)
Schlag!	(Uderz!)
Schlaf!	(Śpij!)
Trag!	(Noś!)

Czasowniki mocne e⇨i und e⇨ie

Tryb rozkazujący tworzymy z „i" lub „ie".

sprechen (mówić)

du sprichst	⇨	Sprich! (Mów!)
ihr sprecht	⇨	Sprecht! (Mówcie!)
Sie sprechen	⇨	Sprechen Sie! (Proszę mówić!*)

Inne przykłady:

Wirf!	(Rzuć!)
Lies!	(Czytaj!)
Vergiss!	(Zapomnij!)
Wirb!	(Reklamuj!)
Hilf!	(Pomóż!)
Triff!	(Spotkaj!)
Stirb!	(Umrzyj!)
Stich!	(Kłuj!)
Miss!	(Zmierz!)
Brich!	(Złam!)
Iss!	(Zjedz!)
Nimm!	(Weź!)

Tryb rozkazujący czasowników „haben" i „sein"

haben (mieć)

du hast	⇨	Hab! (Miej!)
ihr habt	⇨	Habt! (Miejcie!)
Sie haben	⇨	Haben Sie (Proszę mieć!*)

sein (być)

du bist	⇨	Sei! (Bądź!)
ihr seid	⇨	Seid! (Bądźcie!)
sie sind	⇨	Seien Sie (Proszę być!*)

*W języku polskim istnieje kilka sposobów utworzenia trybu rozkazującego dla 3 os. l.mn. Inny, mniej uprzejmy wariant trybu rozkazującego wygląda w następujący sposób: „Niech Pan/Pani/Państwo...".

Das Verb „wissen"
(Czasownik „wissen")

wissen (wiedzieć)	
ich	weiß
du	weißt
er sie es	weiß
wir	wissen
ihr	wisst
sie Sie	wissen

Kiedy używamy „wissen", a kiedy „kennen"?

Przykłady:

kennen (znać)

1. Gehen wir essen? Ich kenne ein gutes Restaurant. (Idziemy jeść? Znam dobrą restaurację.)
2. Das ist Herr Mayer. Kennen Sie den Herrn? - Ja, ich kenne Herrn Mayer. Wir spielen zusammen Fußball. (To jest Pan Mayer. Zna go Pan? – Tak, znam Pana Mayera. Gramy razem w piłkę nożną.)
3. Du lachst ja gar nicht. Kennst du den Witz schon? (Wcale się nie śmiejesz. Znasz już ten żart?)
4. Die Lehrerin sagt im Englischunterricht: „Kennt ihr das Wort „conversation"?" (Nauczycielka mówi podczas lekcji angielskiego: „Znacie słowo „conversation"?")
5. „Was ist mit deinem Auto? Ist es Kaputt?" - „Nein, nein, das glaube ich nicht. Ich kenne mein Auto. Da ist bestimmt kein Benzin im Tank." („Co jest z Twoim samochodem? Jest zepsuty?" – „Nie, nie, nie wydaje mi się. Znam mój samochód. Z pewnością nie ma benzyny w baku.")
6. „Wir warten jetzt schon eine halbe Stunde auf Erich. Kommt er denn noch?" - „Ja, ja, ich kenne meinen Freund. Er kommt wieder einmal zu spät." („Czekamy na Ericha już od pół godziny. Czy on jeszcze przyjdzie?" – „Tak, tak, znam mojego przyjaciela. On po prostu znowu się spóźnia.")

wissen (wiedzieć, znać)

1. Wissen Sie, wie das Restaurant heißt und wo es ist? (Wiedzą Państwo jak nazywa się ta restauracja i gdzie się znajduje?")
2. Ich suche Herrn Müller. Weißt du, wo Herr Müller ist? (Szukam Pana Müllera. Wiesz, gdzie on jest?)
3. Weißt du, wie spät es ist? (Wiesz, która jest godzina?)
4. „Wann fährt der Zug?" - „Fragen Sie den Schalterbeamten. Er weiß das, denn er kennt die Abfahrtszeiten." („Kiedy odjeżdża pociąg?" – „Proszę zapytać pracownika przy okienku. On wie, ponieważ zna godziny odjazdu.")
5. „Wie viel kostet das?" - „Das weiß ich nicht." („Ile to kosztuje?" – „Nie wiem.")
6. „Nehmen schreibt man mit „h"." - „Das weiß ich schon." („Nehmen pisze się z „h"." – „Już to wiem.")
7. „Kommen Sie morgen nicht zu spät." - „Ja, ich weiß, Herr Mayer wartet schon." („Proszę się jutro nie spóźnić." – Tak, wiem, Pan Mayer już czeka.")

Nomen: Der Genitiv (Rzeczownik: dopełniacz)

Użycie: Kiedy używamy dopełniacza?

W języku niemieckim dopełniacza używamy, aby wyrazić przynależność danego przedmiotu. Dzięki niemu możemy połączyć dwa proste zdania w jedno.

Przykłady:

Der Mann hat ein Auto. Das Auto ist teuer.
= Das Auto des Mannes ist teuer.

(Mężczyzna ma samochód. Samochód jest drogi.
= Samochód mężczyzny jest drogi.)

Die Frau hat ein Auto. Das Auto ist teuer.
= Das Auto der Frau ist teuer.

(Kobieta ma samochód. Samochód jest drogi.
= Samochód kobiety jest drogi.)

Das Kind hat einen Ball. Der Ball ist schön.
= Der Ball des Kindes ist schön.

(Dziecko ma piłkę. Piłka jest piękna.
= Piłka dziecka jest piękna.)

Die Menschen haben Zeit. Die Zeit ist schön.
= Die Zeit der Menschen ist schön.

(Ludzie mają czas. Czas jest piękny.
= Czas ludzi jest piękny.)

Formy: Jak tworzymy dopełniacz?

mianownik	dopełniacz			
rodzaj męski				
der Mann (mężczyzna)	des Mannes	eines Mannes	keines Mannes	dieses Mannes
der Lehrer (nauczyciel)	des Lehrers	eines Lehrers	keines Lehrers	dieses Lehrers
rodzaj nijaki				
das Buch (książka)	des Buches	eines Buches	keines Buches	dieses Buches
das Gespräch (rozmowa)	des Gesprächs	eines Gesprächs	keines Gesprächs	dieses Gesprächs
rodzaj żeński				
die Frau (kobieta)	der Frau	einer Frau	keiner Frau	dieser Frau
wszystkie rodzaje liczby mnogiej				
die Männer (mężczyźni)	der Männer	Männern	keiner Männer	dieser Männer

Zasady:

Rzeczowniki rodzaju męskiego i nijakiego tworzą dopełniacz przyjmując końcówkę -es w przypadku słów jednosylabowych i -s w przypadku słów wielosylabowych. Rzeczowniki rodzaju żeńskiego nie otrzymują żadnej końcówki. Liczba mnoga również nie otrzymuje dodatkowej końcówki.

Das Modalverb (Czasownik modalny)

1. Formy czasowników modalnych

können (móc)	wollen (chcieć)	möchten (chcieć*)	dürfen (mieć pozwolenie)	müssen (musieć)	sollen (mieć powinność)
ich kann du kannst	ich will du willst	ich möchte du möchtest	ich darf du darfst	ich muss du musst	ich soll du sollst
er sie kann es	er sie will es	er sie möchte es	er sie darf es	er sie muss es	er sie soll es
wir können ihr könnt	wir wollen ihr wollt	wir möchten ihr möchtet	wir dürfen ihr dürft	wir müssen ihr müsst	wir sollen ihr sollt
sie können Sie	sie wollen Sie	sie möchten Sie	sie dürfen Sie	sie müssen Sie	sie sollen Sie

* Czasownik „möchten" jest formą czasownika „mögen" i wyraża życzenie w formie grzecznościowej. „Ich möchte..." tłumaczymy jako „Chciałbym/Chciałabym...".

2. Znaczenie

Czasowniki modalne nadają innym czasownikom specjalnego znaczenia.
Wyrażają one sposób realizacji danych czynności.

1. Ich miete heute eine Wohnung. (Wynajmuję dzisiaj mieszkanie.)

2. Ich **will** heute eine Wohnung mieten.
   Das heißt: Ich habe den **Willen** zu mieten.
   (Chcę wynająć dzisiaj mieszkanie.
   Czasownik „wollen" wyraża chęć.)

3. Ich **muss** heute eine Wohnung mieten.
   Das heißt: Es gibt einen **Zwang** zu mieten.
   (Muszę wynająć dzisiaj mieszkanie.
   Czasownik „müssen" wyraża obowiązek.)

4. Ich **kann** heute eine Wohnung mieten.
   Das heißt: Es gibt heute eine **Möglichkeit** zu mieten.
   (Mogę wynająć dzisiaj mieszkanie.
   Czasownik „können" wyraża możliwość.)

5. Ich **darf** heute eine Wohnung mieten.
   Das heißt: Es gibt die **Erlaubnis** zu mieten.
   (Mam pozwolenie wynająć dzisiaj mieszkanie.
   Czasownik „dürfen" wyraża pozwolenie.)

6. Ich **soll** heute eine Wohnung mieten.
   (Powinienem/powinnam wynająć dzisiaj mieszkanie.
   Czasownik „sollen" wyraża powinność.)

   Das heißt: **Jemand befiehlt mir oder es gibt ein Gesetz** zu mieten.

3. Budowa zdania

Czasownik modalny znajduje się na 2 pozycji w zdaniu.
Inny czasownik (czasownik samodzielny) znajduje się na końcu zdania.
Jeżeli czasownik na końcu zdania jest czasownikiem rozdzielnie złożonym, wszystkie jego elementy muszą znaleźć się na końcu zdania.

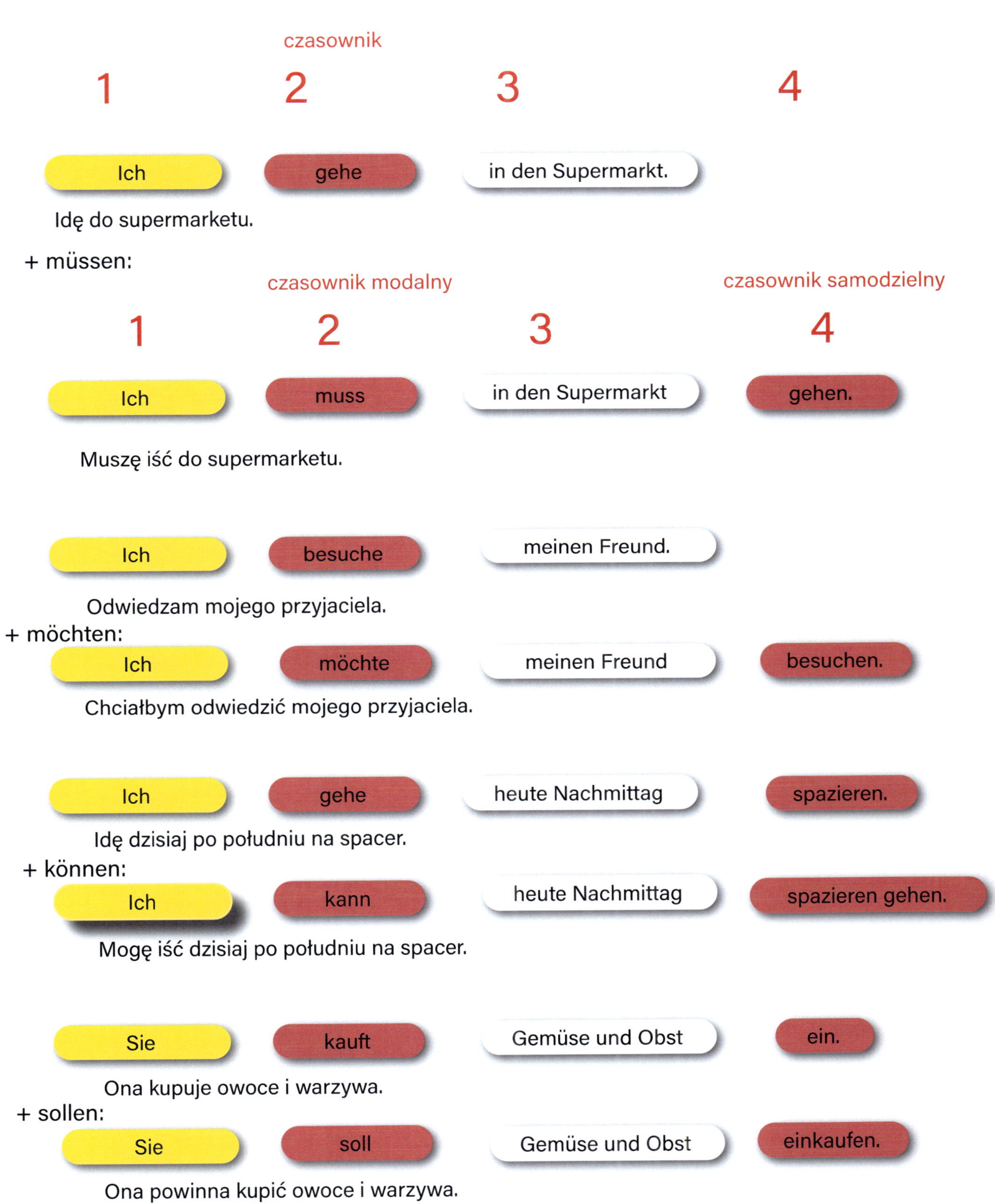

Nomen: der Dativ (Rzeczownik: celownik)

Celownik jest potrzebny do prawidłowego sformułowania zdań, które odnoszą się do dwóch osób i jednego przedmiotu.

Niektóre czasowniki, takie jak dawać („geben"), występują z celownikiem.

Pamiętaj, że czasownik zawsze znajduje się na 2. pozycji w zdaniu!

1	2	3	4
1. osoba w mianowniku	czasownik	2. osoba w celowniku	przedmiot w bierniku

Przykłady:

Der Mann (Mężczyzna)	gibt (daje)	dem Freund (przyjacielowi)	das Auto. (samochód.)

der Freund ⇨ dem Freund

Die Mutter (Matka)	zeigt (pokazuje)	dem Kind (dziecku)	die Bilder. (obrazki.)

das Kind ⇨ dem Kind

Der Lehrer (Nauczyciel)	erklärt (wyjaśnia)	der Schülerin (uczennicy)	den Satz. (zdanie.)

die Schülerin ⇨ der Schülerin

Die Mutter (Matka)	kocht (gotuje)	den Kindern (dzieciom)	eine Suppe. (zupę.)

die Kinder ⇨ den Kindern

Die Deklination des Nomens (Deklinacja rzeczownika)

rodzaj męski

l.poj			
mianownik	der Mann	ein Mann	kein Mann
biernik	den Mann	einen Mann	keinen Mann
celownik	dem Mann	einem Mann	keinem Mann
dopełniacz	des Mannes	eines Mannes	keines Mannes
l.mn.			
mianownik	die Männer	Männer	keine Männer
biernik	die Männer	Männer	keine Männer
celownik	den Männern	Männern	keinen Männern
dopełniacz	der Männer	Männern	keiner Männer

rodzaj żeński

l.poj.			
mianownik	die Frau	eine Frau	keine Frau
biernik	die Frau	eine Frau	keine Frau
celownik	der Frau	einer Frau	keiner Frau
dopełniacz	der Frau	einer Frau	keiner Frau
l.mn.			
mianownik	die Frauen	Frauen	keine Frauen
biernik	die Frauen	Frauen	keine Frauen
celownik	den Frauen	Frauen	keinen Frauen
dopełniacz	der Frauen	Frauen	keiner Frauen

rodzaj nijaki

l.poj.			
mianownik	das Kind	ein Kind	kein Kind
biernik	das Kind	ein Kind	kein Kind
celownik	dem Kind	einem Kind	keinem Kind
dopełniacz	des Kindes	eines Kindes	keines Kindes
l.mn.			
mianownik	die Kinder	Kinder	keine Kinder
biernik	die Kinder	Kinder	keine Kinder
celownik	den Kindern	Kinder	keinen Kindern
dopełniacz	der Kinder	Kindern	keiner Kinder

Besondere Verben (Czasowniki specjalne)

1. Czasownik „mögen“

mögen

ich mag
du magst

er
sie mag
es

wir mögen
ihr mögt

sie mögen
Sie

Znaczenie czasowników „lieben“ (kochać) lub „mögen“ (lubić)

Przykłady:

Petra und Hans lieben sich. Sie wollen heiraten.
(Petra i Hans kochają się. Chcą wziąć ślub.)

Eltern lieben ihre Kinder.
(Rodzice kochają swoje dzieci.)

Peter und Hans mögen sich. Sie sind gute Freunde und gehen gern zusammen ins Kino.
(Petra i Hans lubią się. Są dobrymi przyjaciółmi i chętnie chodzą razem do kina.)

Ich mag gerne Eis, aber ich mag keine Pommes.
(Bardzo lubię lody, ale nie lubię frytek.)

2. Czasownik „werden“

werden

ich werde
du wirst

er
sie wird
es

wir werden
ihr werdet

sie werden
Sie

Znaczenie czasownika „werden“ (stawać się, zostać)

Przykłady:

Sie hat morgen Geburtstag und wird 16 Jahre alt.
(Ona ma jutro urodziny i zostanie 16-latką.)

Nach einer Stunde werden sie müde und brauchen eine Pause.
(Po godzinie staję się zmęczony i potrzebuję przerwy.)

„Was möchtest du einmal werden?“, fragt die Mutter ihren Sohn.
„Ich möchte Lehrer werden.“, antwortet er.
(„Kim chciałbyś zostać?“, pyta matka swojego syna.
„Chciałbym zostać nauczycielem.“, odpowiada.)

Inne przykłady:

Er wird morgen nach Hause kommen. - Zukunft, Futur, Satzbau wie Modalverb.
(On przyjdzie jutro do domu. - przyszłość – Futur, budowa zdania jak w przypadku czasowników modalnych).

3. Czasownik „lassen“

lassen

ich lasse
du lässt

er
sie lässt
es

wir lassen
ihr lasst

sie lassen
Sie

Znaczenie czasownika „lassen“ (zostawiać, pozwalać)

Przykłady:

1. „Lassen Sie Ihren Mantel an der Garderobe.“ (Proszę zostawić Pański płaszcz w garderobie.“)

2. „Darf ich Ihre Tasche nehmen?“ - „Nein, lassen Sie nur. Das kann ich selbst.“ („Czy mogę wziąć Pani torbę?“ - „Nie, proszę ją zostawić. Mogę zrobić to sama.“)

3. „Bitte lass mich gehen!“ - „Nein, du darfst nicht gehen. Du musst hierbleiben.“ („Proszę pozwól mi iść!“ - „Nie, nie pozwalam Ci iść. Musisz zostać tutaj.“)

4. Ich repariere mein Auto nicht selbst. Ich lasse mein Auto reparieren. (Nie naprawiam mojego samochodu samodzielnie. Oddaję moje auto do naprawy.)

Das Possesivpronomen (Zaimek dzierżawczy)

Kiedy używamy zaimków dzierżawczych?

Zaimek dzierżawczy informuje nas o tym, co do kogo należy, spełniając w ten sposób funkcję podobną do dopełniacza (Genitiv).

Przykłady:

Ich habe ein Buch.	Das ist mein Buch.	(Mam książkę.	To moja książka.)
Der Lehrer sagt zu Frau Jonosa: „Sie haben ein Buch.	 Das ist Ihr Buch."	(Nauczyciel mówi do Pani Jonosa: „Ma Pani książkę.	 To Pani książka.")
Die Mutter sagt zu Bimata: „Du hast ein Buch.	 Das ist dein Buch."	(Matka mówi do Bimaty: „Masz książkę.	 To twoja książka.")
Der Mann hat ein Buch.	Das ist sein Buch.	(Mężczyzna ma książkę.	To jego książka.)
Die Frau hat ein Buch.	Das ist ihr Buch.	(Kobieta ma książkę.	To jej książka.)
Das Kind hat ein Buch.	Das ist sein Buch.	(Dziecko ma książkę.	To jego książka.)
Wir haben ein Buch.	Das ist unser Buch.	(Mamy książkę.	To nasza książka.)
Ihr habt ein Buch.	Das ist euer Buch.	(Macie książkę.	To wasza książka.)
Die Teilnehmer des Sprach- kurses haben ein Zimmer.	 Das ist ihr Zimmer.	(Uczestnicy kursu mają pokój.	 To ich pokój.)

Budowa zdania

Zaimek dzierżawczy zawsze należy do rzeczownika.
Tak jak rodzajnik, znajduje się on przed rzeczownikiem.
Oprócz tego, zaimek ten przyjmuje takie same końcówki jak: „kein, keine, keinen".

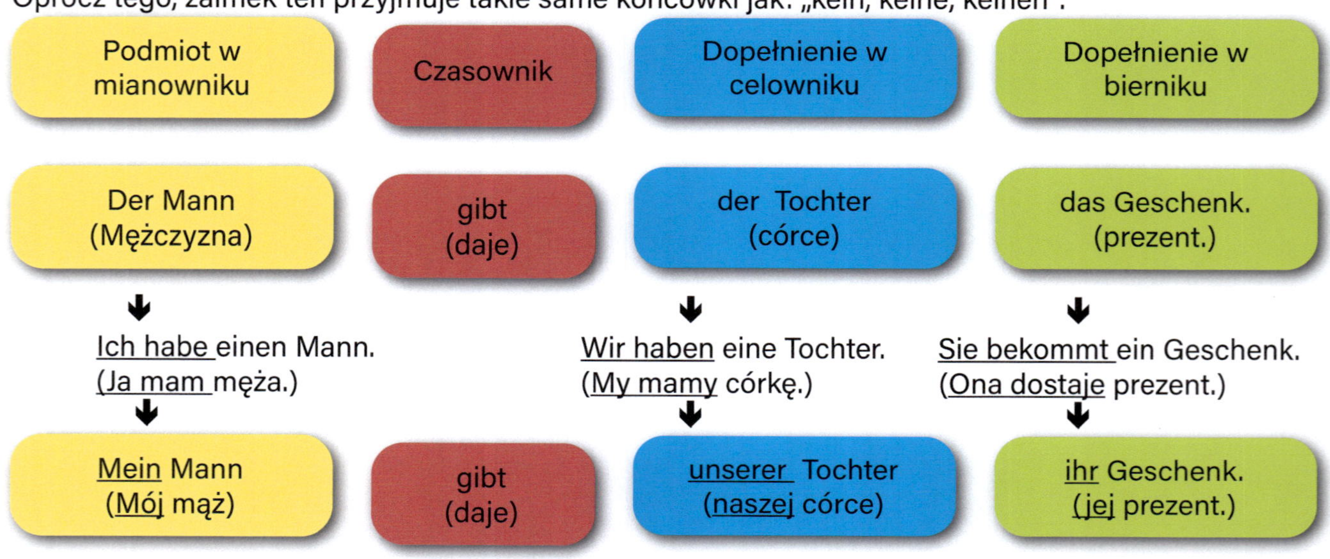

Die Deklination des Possesivpronomens (Odmiana zaimka dzierżawczego)

Formy zaimka dzierżawczego wyglądają w następujący sposób:

rodzaj męski

l.poj	
mianownik	mein Anzug (mój garnitur)
biernik	meinen Anzug
celownik	meinem Anzug
dopełniacz	meines Anzugs
l.mn.	
mianownik	meine Anzüge
biernik	meine Anzüge
celownik	meinen Anzügen
dopełniacz	meiner Anzüge

rodzaj żeński

l.poj	
mianownik	meine Tasche (moja torba)
biernik	meine Tasche
celownik	meiner Tasche
dopełniacz	meiner Tasche
l.mn.	
mianownik	meine Taschen
miernik	meine Taschen
celownik	meinen Taschen
dopełniacz	meiner Taschen

rodzaj nijaki

l.poj	
Mianownik	mein Kostüm (moje przebranie)
Biernik	mein Kostüm
Celownik	meinem Kostüm
Dopełniacz	meines Kostüms
l.mn.	
Mianownik	meine Kostüme
Biernik	meine Kostüme
Celownik	meinen Kostümen
Dopełniacz	meiner Kostüme

Die Ordinalzahlen (Liczebniki porządkowe)

1. der Erste, die Erste, das Erste	(pierwszy, pierwsza, pierwsze)
2. der Zweite	(drugi)
3. der Dritte	(trzeci)
4. der Vierte	(czwarty)
5. der Fünfte	(piąty)
6. der Sechste	(szósty)
7. der Siebte	(siódmy)
8. der Achte	(ósmy)
9. der Neunte	(dziewiąty)
10. der Zehnte	(dziesiąty)
11. der Elfte	(jedenasty)
12. der Zwölfte	(dwunasty)
13. der Dreizehnte	(trzynasty)
20. der Zwanzigste	(dwudziesty)
21. der Einundzwanzigste	(dwudziesty pierwszy)
22. der Zweiundzwanzigste	(dwudziesty drugi)
30. der Dreißigste	(trzydziesty)
40. der Vierzigste	(czterdziesty)
50. der Fünfzigste	(pięćdziesiąty)
60. der Sechzigste	(sześćdziesiąty)
70. der Siebzigste	(siedemdziesiąty)
100. der Hundertste	(setny)
1000 der Tausendste	(tysięczny)
10 000 der Zehntausendste	(dziesięciotysięczny)
100 000 der Hunderttausendste	(stutysięczny)

Jahreszahlen (Lata i stulecia)

1901-2000 neunzehnhunderteins bis zweitausend
= das 20. Jahrhundert (20. wiek)

1801-1899 achtzehnhundertein bis achtzehnhundertneunundneunzig
= das 19. Jahrhundert (19. wiek)

1101-1199 elfhunderteins bis elfhundertneunundneunzig
= das 12. Jahrhundert (12. wiek)

2001-2099- zweitausendundeins bis zweitausendneunundneunzig
= das 21. Jahrhundert (21. wiek)

Datum (Data)

01.01.2010 der erste Erste zweitausendzehn
(pierwszy stycznia dwa tysiące dziesiątego roku)

oder: der erste Januar zweitausendzehn

22.09.1964 der zweiundzwanzigste Neunte neunzehnhundertvierundsechzig
(dwudziesty drugi września tysiąc dziewięćset sześćdziesiątego czwartego roku)

oder: der zweiundzwanzigste September vierundsechzig

Das Personalpronomen (Zaimek osobowy)

Kiedy używamy zaimków osobowych?

Zaimek osobowy zastępuje rzeczownik. Możemy zatem zastąpić rzeczownik zaimkiem osobowym w następujący sposób:„Herr Moreno" („Pan Moreno") lub „er" („on"), „das Auto" („auto") lub „es" („ono"), „die Frau" („kobieta") lub „sie" („ona").
Rzeczowniki w celowniku lub bierniku także można zastąpić zaimkiem osobowym. Możemy zatem powiedzieć:„dem Herrn" („mężczyźnie") lub „ihm" („jemu"), „der Frau" („kobiecie") lub „ihr" („jej").

Przykłady:

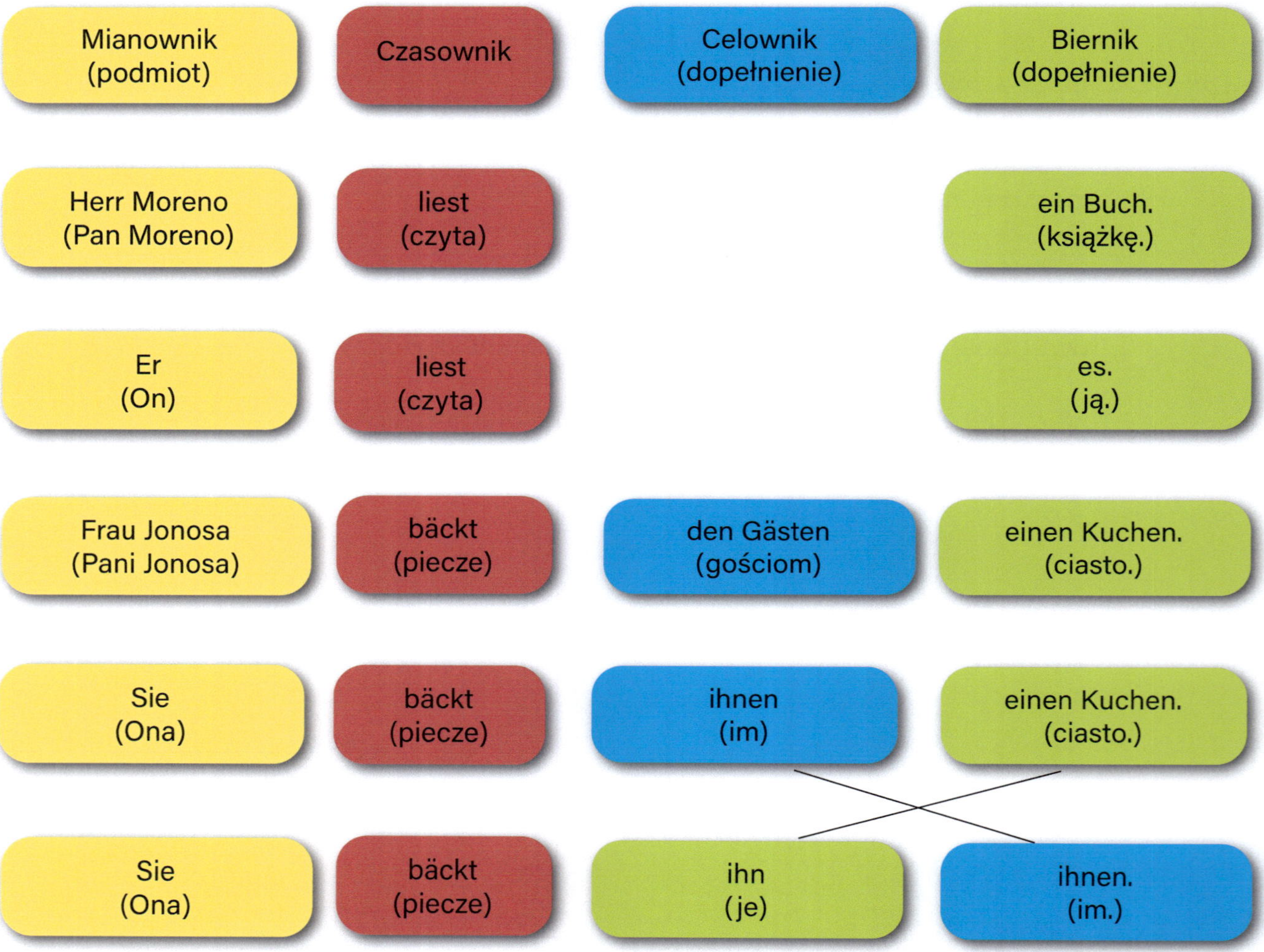

Jeżeli w zdaniu pojawiają się zaimki osobowe w celowniku oraz bierniku, należy zamienić je miejscami.

Rodzaj słów użytych w zdaniach przykładowych w języku niemieckim różni się od rodzaju tych słów w języku polskim, np. ciasto jest w niemieckim rodzaju męskiego, natomiast książka nijakiego. Tłumaczenia zaimków osobowych zostały dopasowane do polskich zdań.

Die Deklination des Personalpronomens (Deklinacja zaimka osobowego)

Mianownik		Biernik		Celownik	
ich	(ja)	mich	(mnie)	mir	(mi)
du	(ty)	dich	(ciebie)	dir	(tobie)
er	(on)	ihn	(jego)	ihm	(jemu)
sie	(ona)	sie	(ją)	ihr	(jej)
es	(ono)	es	(je)	ihm	(jemu)
wir	(my)	uns	(nas)	uns	(nam)
ihr	(wy)	euch	(was)	euch	(wam)
sie	(oni/one)	sie	(ich/je)	ihnen	(im)
Forma grzecznościowa: Sie	(Pan/Pani/ Państwo)	Forma grzecznościowa: Sie	(Panią/Pana/ Państwo)	Forma grzecznościowa: Ihnen	(Pani/Panu/ Państwu)

Wechselpräpositionen (Przyimki zmienne)

Czym są przyimki?

Przyimek wskazuje miejsce, kierunek lub czas. Dzięki nim dowiadujemy się o tym, gdzie coś jest, w jakim kierunku się przemieszcza lub kiedy się odbywa.

Po przyimku w zdaniu pojawia się rzeczownik w celowniku lub bierniku, a w nielicznych przypadkach także w dopełniaczu.

Czym są przyimki zmienne?

Przyimki zmienne mogą wskazywać miejsce lub czas.
Gdy dowiadujemy się o tym gdzie coś się znajduje, czyli o jego miejscu (bezruch), korzystamy z celownika.
Gdy dowiadujemy się o tym dokąd, czyli w jakim kierunku coś zmierza (ruch), korzystamy z biernika.

Istnieje 9 przyimków zmiennych:

in	(w)
an	(przy)
auf	(na)
über	(nad)
unter	(pod)
vor	(przed)
hinter	(za)
neben	(obok)
zwischen	(między)

In, an, bei, von oraz zu łączą się z rodzajnikami liczby pojedynczej w celowniku:

in dem	⇨	im
an dem	⇨	am
bei dem	⇨	beim
von dem	⇨	vom
zu dem	⇨	zum
zu der	⇨	zur

in (w)

an (przy)

auf (na)

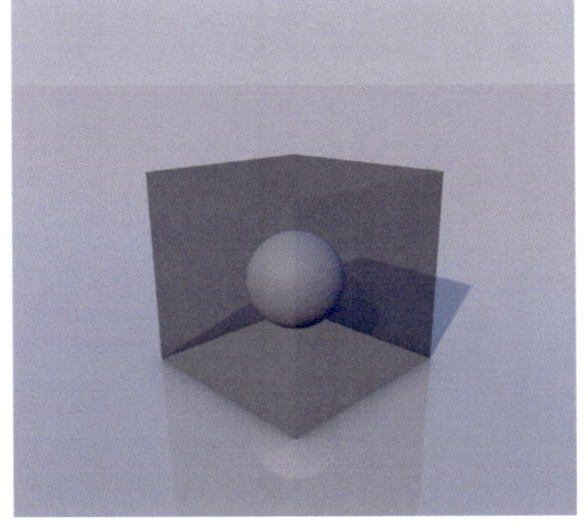

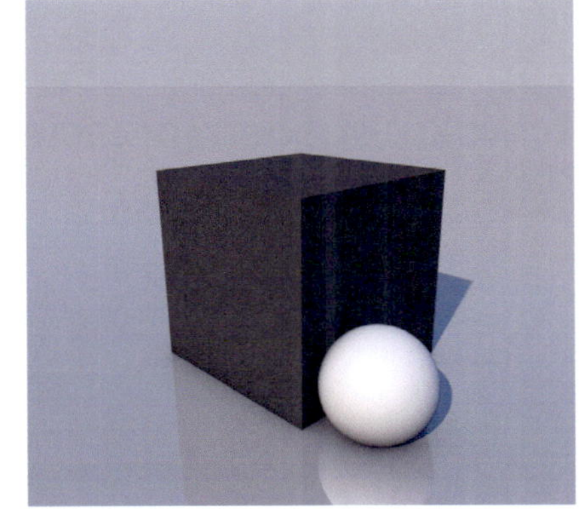

über (nad)

unter (pod)

vor (przed)

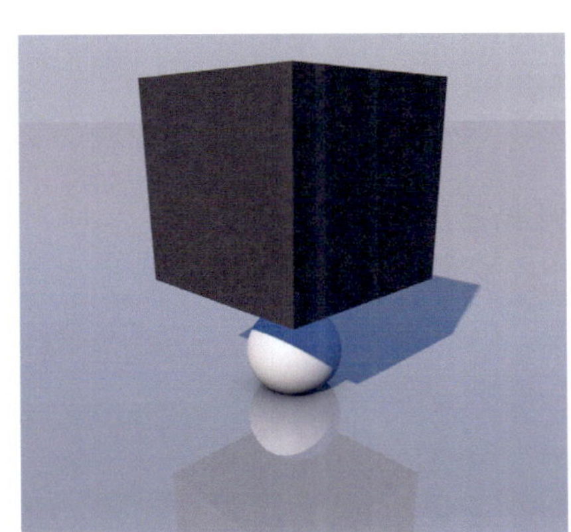

hinter (za)

neben (obok)

zwischen (między)

Grafiki na tej stronie zostały sporządzone przez Arthura Otte.

Präpositionen mit Akkusativ (Przyimki z biernikiem)

Po przyimkach:

durch (przez, dzięki), um (o, wokół), gegen (przeciw, w), für (dla, za), ohne (bez)

korzystamy z biernika.

W przypadku przyimka

entlang (wzdłuż)

korzystamy z biernika, jeżeli występuje on po rzeczowniku (die Straße entlang - wzdłuż ulicy) i z dopełniacza, jeżeli występuje on przed rzeczownikiem (entlang der Straße - wzdłuż ulicy).

durch (przez, dzięki)

1 .Ich gehe durch den Garten. Ich schaue durch das Fenster.
(Idę przez ogród. Patrzę przez okno.)

2. Durch die Hilfe meine Freundes bin ich wieder gesund.
(Dzięki pomocy mojego przyjaciela znowu jestem zdrowy.)

um (o, wokół)

1. Abends sitzt die ganze Famile um den Tisch und isst.
(Wieczorem cała rodzina siedzi wokół stołu i je.)

2. Er sucht einen Parkplatz und fährt eine halbe Stunde um die Häuser herum.
(On szuka parkingu i od pół godziny jeździ wokół domów.)

3. Sie spielt um ihr ganzes Geld.
(Ona gra o wszystkie swoje pieniądze.)

4. Hier geht es um Leben oder Tod.
(Tutaj chodzi o życie lub śmierć.)

5. Sie bewirbt sich um eine Stelle.
(Ona ubiega się o stanowisko.)

gegen (przeciw, w)

1. Er schlägt gegen die Tür. Der Autofahrer fährt gegen den Baum.
(On wali w drzwi. Kierowca samochodu wjeżdża w drzewo.)

2. Sie hat Schmerzen. Sie nimmt Tabletten gegen die Schmerzen.
(Ona odczuwa ból. Bierze tabletki przeciwbólowe.)

3. Der Arzt ist gegen das Rauchen. Die Politiker sind gegen die Korruption.
(Lekarz jest przeciwko paleniu. Politycy są przeciwko korupcji.)

für (dla, za)

1. Für wen sind die schönen Blumen? Die Blumen sind für den Herrn.
(Dla kogo są te piękne kwiaty? Kwiaty są dla mężczyzny.)

2. Die Demonstranten sind gegen die Arbeitslosigkeit und für die Beschäftigung aller.
(Demonstranci są przeciwko bezrobociu i za miejscami pracy dla wszystkich.)

ohne (bez)

1. Sie kann ohne ihren Mann nicht leben und er kann ohne seine Frau nicht leben.
(Ona nie może żyć bez swojego męża, a on nie może żyć bez swojej żony.)

2. Wir kommen ohne Wohnung, ohne Auto, ohne Arbeit, ohne Geld und ohne Sprache nach Deutschland.
(Przyjeżdżamy do Niemiec bez mieszkania, bez samochodu, bez pracy, bez pieniędzy i bez języków.)

entlang (wzdłuż)

Er fährt die Straße entlang, dann geht er den Weg entlang.
aber mit Genitiv:
Er fährt entlang der Straße, dann geht er entlang des Weges.

(On jedzie wzdłuż ulicy, a potem idzie wzdłuż drogi.)

W języku niemieckim możemy użyć zaimka „entlang" (wzdłuż) na dwa sposoby. Stawiając go po rzeczowniku korzystamy z Akkusativu (biernika) oraz z Genitivu (dopełniacza), gdy zaimek ten znajduje się przed danym rzeczownikiem.

Präpositionen mit Dativ (Przyimki z celownikiem)

Po przyimkach:

aus (z), von (z, od), zu (do, na), nach (do), bei (u, przy, w), gegenüber (naprzeciw), mit (z)

korzystamy z celownika.

aus (z)

1. Er nimmt den Brief aus dem Schrank und geht aus dem Haus. Die Kinder kommen aus der Schule.
(On wyciąga list z szafy i wychodzi z domu. Dzieci przychodzą ze szkoły.)

2. Er ist Asylbewerber und kommt aus Syrien.
(On jest osobą ubiegającą się o azyl i pochodzi z Syrii.)

3. Material (ohne Artikel): Dieser Schmuck ist aus Gold. Dieser Schrank ist aus Holz.
(Materiał (bez rodzajnika): Ta biżuteria jest ze złota. Ta szafa jest z drewna.)

4. Verhalten (ohne Artikel): Aus Erfahrung wird man klug.
(Zachowanie (bez rodzajnika): Człowiek staje się mądrzejszy z doświadczenia.)

von (z, od)

1. a.) Wir sind schon da und schauen zurück. Woher kommen wir? Wir kommen von einem Haus, oder von einem Gebäude. Wir können auch von einem Menschen (zum Beispiel: vom Arzt) kommen. (Jesteśmy już na miejscu i spoglądamy wstecz. Skąd przychodzimy? Przychodzimy z domu lub z budynku. Możemy przychodzić także od kogoś, np. od lekarza.)

   b.) Er kommt gerade vom Arbeitsamt. Sie springt vom Baum. Er kommt gerade von Hamburg. (On przychodzi właśnie z urzędu pracy. Ona skacze z drzewa. On przyjeżdża właśnie z Ham burga.)

2. Er ruft von der Schule aus an. Vom Bahnhof aus ist es nicht weit zum Arbeitsamt. (On dzwoni ze szkoły. Z dworca nie jest daleko do urzędu pracy.)

3. Er bekommt Geld vom Amt. Das ist ein Brief von meiner Mutter. Das ist ein Buch von Remarque. (On dostaje pieniądze od urzędu. To list od mojej matki. To książka Remarque'a.)

nach (do)

1. Bei Städte- oder Ländernamen. Wir fahren nach Deutschland, nach Berlin.... („Nach" stosujemy zarówno z miastami, jak i państwami. Jedziemy do Niemiec, do Berlina...)

2. a.) Ich gehe nach Hause. Ich schreibe einen Brief nach Hause. (Idę do domu. Piszę list do domu.)

   b.) Wann kommst du von der Arbeit nach Hause? Ich komme spät nach Hause. (Kiedy przychodzisz z pracy do domu? Przychodzę do domu późno.)

3. Wir müssen nach der Bauvorschrift bauen. (Podczas budowania musimy stosować się do przepisów.)

zu (do, na)

Er geht zum Arzt, zum Sozialamt und zum Arbeitsamt, zur Post und zum Bahnhof, dann geht er in den Supermarkt, ins Möbelgeschäft und in die Bäckerei.
(On idzie do lekarza, do urzędu socjalnego, do urzędu pracy, na pocztę oraz na dworzec, potem idzie do supermarketu, do sklepu meblowego i do piekarni.)

bei (u, przy, w)

1. Ich bin heute beim Arzt, beim Arbeitsamt, beim Sozialamt, bei der Post und beim Bahnhof, im Supermarkt und im Möbelgeschäft. (Jestem dzisiaj u lekarza, w urzędzie pracy, w urzędzie socjalnym, na poczcie, na dworcu, w supermarkecie i w sklepie meblowym.)

   a.) Ich habe keine Zeit. ich bin bei der Arbeit. Heute Abend bin ich bei dir. (Nie mam czasu. Jestem w pracy. Dzisiaj wieczorem jestem u ciebie.)

   b.) Ich bleibe heute Nacht bei meiner Freundin. (Dzisiaj w nocy jestem u mojej przyjaciółki.)

2. Buxtehude liegt bei Hamburg.
   (Buxtehude leży koło Hamburga.)

3. Fahren Sie beim Bahnhof rechts in die Bruchstraße.
   (Przy dworcu proszę skręcić w prawo, w Bruchstraße.)

4. Beim Kochen darf man ihn nicht stören.
   (Nie można przeszkadzać mu przy gotowaniu.)

5. Beim Arbeiten hört sie gern etwas Musik.
   (Ona chętnie słucha muzyki przy pracy.)

gegenüber (naprzeciw)

Gegenüber dem Bahnhof liegen zwei Reisebüros.

Lub:

Dem Bahnhof gegenüber liegen zwei Reisebüros.

(Naprzeciw dworca znajdują się dwa biura podróży.)

Tak jak zaimek „entlang" (wzdłuż), zaimek „gegenüber" (naprzeciw) również można zastosować na dwa sposoby. W tym przypadku zarówno rzeczownik znajdujący się przed oraz po nim będzie w Dativie (celowniku).

mit (z)

1. a.) Ich trinke meinen Kaffee mit Milch, aber ohne Zucker.
   (Piję moją kawę z mlekiem, ale bez cukru.)

   b.) Diese Wohnung ist mit Dusche aber ohne Badewanne.
   (To mieszkanie jest z prysznicem, ale bez wanny.)

   c.) ch fahre nicht mit dem Auto in die Stadt. Ich fahre mit dem Bus.
   (Nie jadę samochodem do miasta. Jadę autobusem.)

   d.) Er schreibt mit der Hand und nicht mit der Schreibmaschine.
   (On pisze ręcznie, a nie maszyną do pisania.)

   e.) Er macht die Prüfung mit Erfolg.
   (On skończył egzamin sukcesem.)

2. Verhalten (ohne Artikel!): Er baut mit viel Arbeit ein großes Haus.
   (Zachowanie (bez rodzajnika): On buduje duży dom wkładając w to mnóstwo pracy.)

   Tłumacząc przyimek „mit" często stosujemy narzędnik, który łączy się z jego polskim odpowiednikiem, a mianowicie z przyimkiem „z". Narzędnik jest piątym przypadkiem odpowiadającym na pytania „Z kim? Z czym?" i nie występuje w języku niemieckim.

bis (do)

„Bis" bez rodzajnika lub w połączeniu z innymi zaimkami.

1. Bez rodzajnika:. Er fährt bis Hamburg.
   (On jedzie do Hamburga.)

2. W połączeniu z innymi zaimkami:
   Er fährt bis in die Stadt. Er fährt bis zum Bahnhof.

3. Alle bis auf ihren Mann sind hier.
   (Wszyscy oprócz jej męża są tutaj.)

4. Er fährt bis vor den Bahnhof.
   (On jedzie aż przed dworzec.)

Präpositionen mit Zeitangaben (Przyimki czasu)

Przyimki zmienne występują wyłącznie w przypadku określania miejsca lub kierunku.

Przyimki czasu łączą się z następującymi przypadkami:

an	(na, przy, w)	⇨	Dativ (celownik)
in	(w, za)		
vor	(przed)		
zwischen	(między)		
nach	(po)		
seit	(od)		
zu	(w, z okazji)		
von	(od)		
ab	(od)		
bis	(do)		
mit	(z)		
auf	(na, w)	⇨	Akkusativ (biernik)
über	(na, przez, ponad)		
gegen	(około)		
um	(o)		
bis	(do)		
für	(na)		

Mit Dativ (Z celownikiem)

an (na, przy, w)

a.) Am Abend ist er zu Hause.
(On jest w domu wieczorem.)

b.) Am Freitag fahren viele Pendler nach Hause.
(W piątek dużo osób dojeżdżających spoza miasta wraca do domu.)

c). Am Monatsanfang bekommt er immer seinen Lohn.
(On zawsze dostaje wypłatę na początku miesiąca.)

d.) Wann sind Sie geboren? - Ich bin am 22.09.1964 geboren.
(Kiedy się Pan urodził? - Urodziłem się 22 września 1964 roku.)

in (w, za)

1. „In" używamy w przypadku sekund, minut, godzin, tygodni, pór roku, lat oraz wieków w znaczeniu „za" lub „w".

a.) Warte bitte auf mich. Ich komme in fünf Minuten.
(Zaczekaj na mnie. Przyjdę za pięć minut.)

b.) In einer Stunde bin ich bei dir.
(Za godzinę będę u Ciebie.)

2. a.) Im Mai ist das Wetter schön.
(W maju jest ładna pogoda.)

b.) Im Jahre 1945 war der zweite Weltkrieg zu Ende.
(W 1945 roku druga wojna światowa dobiegła końca.)

c.) Im 18. Jahrhundert herrscht die Epoche der Aufklärung.
(W 18. wieku panowała epoka oświecenia.)

Wyjątki:

1. Lata w jęz. niemieckim piszemy bez zaimków:

a.) a. Ich bin 1964 geboren.
(Urodziłam się w 1964 roku.)

b.) b. Der Krieg endet 1945.
(Wojna skończyła się w 1945 roku.)

2. 2. Pory dnia oraz daty wprowadzamy za pomocą przyimka „am".

a.) Am Tag, am Morgen, am Mittag, am Abend.
(W dzień, rano, w południe, wieczorem.)

b.) Er ist am 24.05.1956 geboren.
(On urodził się 24 maja 1956 roku.)

vor (przed)

1. Daty, uroczystości i inne okazje:

a.) Vor dem 10. April gibt es keine Blumen in meinem Garten.
(Przed 10-tym kwietnia w moim ogrodzie nie ma kwiatów.)

b.) Vor der Reise geht er noch einkaufen.
(On idzie na zakupy przed podróżą.)

2. Godziny i święta kościelne (bez rodzajnika):

a.) Godzina:
Der Zug fährt vor acht Uhr.
(Pociąg odjeżdża przed ósmą.)

b.) Święta kościelne:
Vor Weihnachten, vor Ostern, aber: vor dem Ramadan, vor dem Tag der deutschen Einheit.
(Przed Bożym Narodzeniem, przed Wielkanocą, przed Ramadanem, przed Świętem Zjednoczenia Nie

c.) Dni tygodnia:
Vor Freitag bekommst du keinen Anruf.
(Nikt nie zadzwoni do Ciebie przed piątkiem).

nach (po)

1. Daty, uroczystości i inne okazje:

a.) Nach dem fünfzehnten Juni haben wir keine Zeit mehr.
(Po 15-tym czerwca nie będziemy mieli czasu.)

b.) Nach dem Ramadan dürfen wir wieder tagsüber essen u. trinken.
(Po Ramadanie znowu możemy jeść i pić w ciągu dnia.)

c,) Nach ihrer Geburt gibt es ein tolles Fest.
(Po jej porodzie zorganizujemy wspaniałą uroczystość.)

d.) Nach seinem Tod feiert man diesen Künstler erst.
(Tego artystę zaczęto doceniać dopiero po jego śmierci.)

2. Godziny i święta kościelne (bez rodzajnika):

a.) Nach Weihnachten tauschen viele Menschen Geschenke um.
(Po Bożym Narodzeniu wiele osób wymienia prezenty.)

b.) Nach acht Uhr erwarte ich deinen Anruf.
(Czekam na Twój telefon po ósmej.)

c.) Es ist viertel nach acht.
(Jest kwadrans po ósmej.)

seit (od)

1. <u>Daty, uroczystości i inne okazje:</u>

a.) Es ist seit dem 15. Juli sehr warm in Deutschland.
(To pierwszy ciepły dzień w Niemczech od 15-tego lipca.)

b.) Seit seiner Hochzeit ist er ein anderer Mensch.
(On jest całkowicie inną osobą od wesela.)

2. 2. Godziny i święta kościelne (bez rodzajnika):

a.) Seit Dienstag ist er wieder gesund.
(On znowu jest zdrowy od wtorku.)

b.) Seit Anfang September geht er zur Schule.
(On chodzi do szkoły od początku września.)

c.) Seit Weihnachten besucht er sie jede Woche.
(On odwiedza ją co tydzień od Bożego Narodzenia.)

d.) Seit heute Morgen bin ich krank.
(Jestem chora od dzisiaj rano.)

zu (w, z okazji)

1. Daty, uroczystości i inne okazje:

Ich gratuliere dir zum Geburtstag.
(Życzę Ci wszystkiego najlepszego z okazji urodzin.)

2. Bez rodzajnika: godzina, święta kościelne:

Zu Pfingsten fahren wir ans Meer.
(Jedziemy nad morze w Zielone Świątki.)

von (od)

1. Daty, uroczystości i inne okazje:

Dieser Park ist vom 31. Oktober bis 30. März geschlossen.
(Ten park jest zamknięty od 31-ego października do 30-ego marca.)

2. Bez rodzajnika:

Das Geschäft ist von 8.00 Uhr bis 20.00 Uhr geöffnet.
(Ten sklep jest otwarty od 8 do 20.)

ab (od)

1. Daty, uroczystości i inne okazje:

Ab dem ersten Juni ist er im Urlaub.
(On jest na urlopie od 1-ego czerwca.)

2. Bez rodzajnika: godzina, święta kościelne

a.) a. Ab morgen geht er in die Schule.
(On idzie od jutra do szkoły.)

b. Ab Montag bin ich zu Hause.
b.) (Od poniedziałku będę w domu.)

zwischen (między)

1. Daty, uroczystości i inne okazje:

Zwischen dem 27. Mai und dem 31. November hat er eine Zeitarbeitsstelle.
(On miał tymczasowe miejsce pracy między 27-ym maja a 31-ym listopada.)

2. Godziny i święta kościelne (bez rodzajnika):

a.) Zwischen ein und zwei Uhr schläft er gerne mittags.
(On chętnie śpi między pierwszą a drugą w południe.)

b.) Zwischen Weihnachten und Neujahr nehmen viele Urlaub.
(Dużo osób bierze urlop między Bożym Narodzeniem i Nowym Rokiem.)

mit (z)

Mit achtzehn Jahren macht er den Führerschein.
(On zrobił prawo jazdy mając 18 lat.)

Mit Akkusativ (Z biernikiem)

gegen (około)

Wann kommt er denn? Um 8.00 Uhr? - Ja, so ungefähr. Er kommt nicht genau um acht, er kommt gegen acht Uhr.
(Kiedy on przyjdzie? O 8? – Tak, mniej więcej. On nie przyjdzie dokładnie o ósmej, ale około ósmej.)

um (o)

Er kommt um halb sieben.
(On przyjdzie o wpół do siódmej.)

bis (do)

a.) Ich warte bis September.
(Czekam do września.)

b.) Ich warte bis nächsten Montag.
(Czekam do następnego poniedziałku.)

für (na)

Ich komme für zwei Tage zu dir.
(Przyjdę do Ciebie na dwa dni.)

auf (na, w)

1. Von Samstag auf Sonntag haben wir Gäste.
(Mamy gości z soboty na niedzielę.)

2. Dieses Jahr fällt der erste Weihnachtstag auf einen Samstag.
(W tym roku Boże Narodzenie wypada w sobotę.)

3. Bitte kommen Sie doch auf ein paar Minuten herein!
(Proszę wejść do środka chociaż na parę minut!)

über (na, przez, ponad)

1. a.) Er kommt über das Wochenende zu uns.
(On przyjdzie do nas na weekend.)

b.) Den Kuchen muss man über Nacht stehen lassen.
(Ciasto musi odczekać przez noc.)

2. Jetzt ist sie schon über ein Jahr in Deutschland.
(Ona jest już od ponad roku w Niemczech.)